决策理论与方法

主　编　阎瑞霞
副主编　王筱莉　谢妍曦　李红艳

东北大学出版社

·沈　阳·

ⓒ 阎瑞霞 2024

图书在版编目（CIP）数据

决策理论与方法 / 阎瑞霞主编. -- 沈阳：东北大学出版社，2024.11. -- ISBN 978-7-5517-3730-2

Ⅰ. C934

中国国家版本馆CIP数据核字第2024B5T670号

出 版 者：东北大学出版社
　　　　　地址：沈阳市和平区文化路三号巷11号
　　　　　邮编：110819
　　　　　电话：024-83683655（总编室）
　　　　　　　　024-83687331（营销部）
　　　　　网址：http://press.neu.edu.cn
印 刷 者：辽宁一诺广告印务有限公司
发 行 者：东北大学出版社
幅面尺寸：170 mm × 240 mm
印　　张：11.5
字　　数：207千字
出版时间：2024年11月第1版
印刷时间：2024年11月第1次印刷
策划编辑：石玉玲
责任编辑：白松艳
责任校对：薛璐璐
封面设计：潘正一
责任出版：初　茗

ISBN 978-7-5517-3730-2　　　　　　　定价：48.00元

前　言

　　本书系统地介绍了基于定量分析的决策理论与方法，旨在为读者提供一套完整的决策分析框架和实用工具。全书的内容分为两大部分：决策与仿真，涵盖了从基础理论到应用的广泛内容。其中，决策部分包括决策分析概述、确定型决策、风险型决策分析、不确定型决策、大数据决策；仿真部分包括决策系统模化和系统动力学仿真。本书将决策理论知识和决策方法应用紧密结合，在理论阐述上力求简明扼要、深入浅出、通俗易懂，用大量实例和实验来说明各类决策理论和方法的原理和应用。

　　"决策理论与方法"是本科经济、管理专业的核心课程。本书适合作为高等院校经济、管理专业本科生教材，也可用作理工类和人文社会科学各专业的教材和参考书，还可作为企事业单位管理人员、科研人员及工程技术人员等实际工作者的参考书。

　　本书与其他同类教材的区别在于增加了大数据决策和仿真内容，使读者不仅能够掌握传统的决策分析方法，还能了解和运用最新的技术手段进行决策，更好地适应信息化时代的需求。

阎瑞霞

2024年8月

目　录

第1章 决策分析概述

1.1 决策分析的概念及其基本要素

1.1.1 决策分析的概念

决策分析简称决策，存在于人类活动的一切实践中。在我国及世界其他许多国家的历史上，有许多著名的决策案例，如田忌赛马、丁渭修皇宫等。历史上的决策思想和决策方法至今对人们仍有一定的启发和指导性。

随着现代化大生产和科学技术的发展，20世纪初开始形成科学决策，特别是第二次世界大战后，决策研究在引入了行为科学、系统理论、运筹学、计算机科学等多门科学成果的基础上，形成了一门专门研究和探索人们作出正确决策规律的科学——决策学。20世纪60年代美国著名的经济与管理学家西蒙（H. A. Simon）提出了"管理就是决策"，突出了决策在现代管理中的核心地位。西蒙对决策理论的研究是开创性的，西蒙的以"理性有限论"为基础的"满意决策理论"是现代管理学派的典型代表，这一理论已经成为现代企业经济学和管理学的理论基石。

在现代管理科学中，对决策有两种理解。一种是狭义的理解，认为决策就是作出决定，仅限于人们从不同的行动方案中作出最佳选择。另一种是广义的理解，相当于决策分析，把决策看作一个过程。决策分析，是一个发现问题、提出问题和解决问题的过程，决策应为广义上的决策。决策是管理的重要职能。它是决策者对系统方案所作决定的过程和结果，是决策者的行为和职责。

1.1.2 决策分析的基本要素

决策是管理的重要职能。它是决策者对系统方案所作决定的过程和结果，是决策者的行为和职责。

决策理论家萨凡奇（Sovage）曾举了一个做鸡蛋煎饼的无数据决策的例子来说明决策的内容及过程。

一名家庭主妇准备用6个鸡蛋和1碗面粉做鸡蛋煎饼。她的做法是先把鸡蛋打到碗里，然后再向碗里放入面粉。当她向碗里打了5个鸡蛋（假设这5个鸡蛋都是好的），准备打第6个鸡蛋时，由于不知道第6个鸡蛋是好是坏，她将面临两种可能的状态：

第一种状态：第6个鸡蛋是好的；

第二种状态：第6个鸡蛋是坏的。

由于鸡蛋状态的不确定性，她将面临三种不同的可供选择的方案：

第一种方案：将第6个鸡蛋直接打入已有5个鸡蛋的碗里；

第二种方案：将第6个鸡蛋打入另外一个碗里以便检查其好坏；

第三种方案：将第6个鸡蛋扔掉。

将每一种打鸡蛋方案和鸡蛋状态两两组合得到不同方案在不同状态下的结果，见表1-1。

表1.1 打鸡蛋方案和鸡蛋状态决策表

	第一种状态	第二种状态
第一种方案	得到6个鸡蛋的煎饼	浪费5个鸡蛋，得到不含鸡蛋的煎饼
第二种方案	得到6个鸡蛋的煎饼，多洗一个碗	得到5个鸡蛋的煎饼，多洗一个碗
第三种方案	得到5个鸡蛋的煎饼，浪费一个鸡蛋	得到5个鸡蛋的煎饼

在三种方案中选择一种方案就是决策，选择哪种方案取决于不同决策者的评价准则。从萨凡奇的鸡蛋煎饼的例子可知，决策分析一般包含以下6个基本要素：

（1）决策者。

决策者即决策主体，可以是个体，也可以是群体。在本例中，决策者是打算做鸡蛋煎饼的家庭主妇。

（2）决策目标。

决策目标可以是单个目标，也可以是多个目标。在本例中，决策目标既希望做出的鸡蛋煎饼中鸡蛋越多越好，又希望刷碗越少越好，是一个多目标决策。

（3）决策方案。

决策方案有明确方案和不明确方案两种。明确方案是指有有限个明确的方案；不明确方案一般只是对产生方案可能的约束条件加以描述，而方案本身可能是无限个，要找出合理或最优的方案可借助运筹学的线性规划等方法。在本例中，决策方案为明确方案。

（4）自然状态。

自然状态是决策者无法控制但可以预见的决策环境客观存在的各种状态。自然状态可能是确定的，也可能是不确定的，其中不确定的又分为离散和连续两种情况。在本例中，自然状态是指第6个鸡蛋是好的或是坏的。

（5）决策结果。

决策结果指各种决策方案在不同自然状态下所产生的结果。在本例中，三种方案在两种状态下有6个结果。

（6）决策准则。

决策准则是评价方案是否达到决策目标的价值标准，即选择方案的依据，与决策者的价值取向或偏好有关。在本例中，选择哪种方案取决于决策者（家庭主妇）的风险态度，比如是乐观的还是悲观的。

1.2　决策分析的分类及其基本原则

1.2.1　决策分析的分类

决策的广泛应用及人类活动的复杂多样性，使得决策的种类繁多。为了便于研究和掌握决策的特点和规律，以有助于人们正确地选择决策方法，做到决策的科学化，应该从不同的角度对决策进行分类。

（1）个人决策和组织决策。

根据决策者具有个人身份和组织身份这样两种身份，将决策分为个人决策和组织决策。个人决策是决策者为满足其个人的目的或动机而以个人身份作出的决策。如个人职业选择、生活方式的选择等都是个人决策。组织决策是与某个组织或群体的目标直接相关的决策，它与个人的目的没有直接关系。

（2）战略决策、管理决策和业务决策。

根据所要解决的问题性质，将决策分为战略决策、管理决策和业务决策。战略决策是指组织机构为了自身与变化的环境相适应和谋求发展的决策。这种决策是为了解决全局性、长远性和根本性的问题，如厂址的选择、新产品开发方向、新市场的开发、原料供应地的选择等。管理决策是为了实现既定战略而进行的计划、组织、指挥与控制的决策，亦称战术决策，是具体业务部门为了提高工作质量及日常业务效率而进行的决策，如对一个企业来讲，产品规格的选择、工艺方案和设备的选择、厂区和车间内工艺路线的布置等。业务决策是根据决策的要求对执行行为方案的选择。如生产中产品合格标准的选择，日常生产调度的决策等。

（3）程序化决策和非程序化决策。

根据问题出现的重复性及决策程序的规范性划分将决策分为程序化决策和非程序化决策。程序化决策（也称为结构化决策），是指那些常规的反复出现的决策，这类决策一般都有明确的决策目标和决策准则，而且可以按一定的程序进行，无论是领导者还是办事员都可按此程序解决问题。这类决策在中层和基层居多。非程序化决策（也称为非结构化决策），是指不经常出现的、复杂的、特殊的决策。

（4）确定型决策、风险型决策和不确定型决策。

按决策环境分类，可将决策问题分为确定型的、风险型的和不确定型的三种。确定型决策的环境是完全确定的，作出选择的结果也是确定的。风险型决策是指决策的环境不是完全确定的，而其发生的概率已知，正因为各事件的发生或不发生具有某种概率，所以决策者要承担一定的风险。不确定型决策是指决策者对将发生结果的概率一无所知，只能凭决策者的主观倾向进行决策，不同决策者可以有不同的决策准则，因此同一问题就可能有不同的选择和结果。

（5）单项决策和序贯决策。

根据决策过程是否连续来划分。单项决策（也称为静态决策），指解决的是某个时间点或某段时间的决策。序贯决策（也称为动态决策），指一系列在时间上有先后顺序的决策，这些决策相互关联，前一个决策直接影响后一个决策。

（6）单目标决策和多目标决策。

按决策要求达到的目标的数量，可以将决策划分为单目标决策和多目标决策。

（7）定性决策和定量决策。

按决策问题的量化程度，可以将决策分为定性决策和定量决策。描述决策对象的指标都可以量化时可用定量决策，否则只能用定性决策。决策分析发展总的趋势是尽可能地把决策问题量化。

1.2.2 决策分析的基本原则

决策者要进行正确的决策，除了自身具有的经验、智慧和才能外，还要遵循决策原则，根据问题的特征采取科学的决策方法进行决策。决策原则是指决策必须遵循的指导原则和行为准则，是科学决策指导思想的反映，也是决策实践经验的概括。决策分析必须遵循的基本原则主要有系统性、经济性、预测性、可行性等。

（1）系统性原则。

系统性原则，也称整体性原则，即把决策对象看作一个系统，以系统的观点分析决策对象的内部结构、运行机理以及其与外部环境的联系。系统性原则应以决策对象整体目标的优化为准绳，协调系统中各分系统的相互关系，使系统完整、平衡。因此，在决策时，应该将各个小系统的特性放到大系统的整体中去权衡，以整体系统的总目标来协调各个小系统的目标。

（2）经济性原则。

经济性原则，就是研究经济决策所付出的代价和取得的收益的关系，研究投入与产出的关系。决策分析必须以类似于经济效益的收益为中心，并且要把经济效益同社会效益结合起来，以较小的劳动消耗和物资消耗取得最大的成果。如果一项决策所付出的代价大于所得，那么这项决策是不科学的。

（3）预测性原则。

预测是决策的前提和依据。预测是由过去和现在的已知，运用各种知识和科学手段来推知未来的未知。科学决策，必须用科学的预见来克服没有科学根据的主观臆测，防止盲目决策。决策的正确与否，取决于对未来后果判断的正确程度，不知道行动后果如何，常常造成决策失误。所以决策必须遵循预测性原则。

（4）可行性原则。

可行性原则的基本要求是以辩证唯物主义为指导思想，运用自然科学和社会科学的手段，寻找能达到决策目标的一切方案，并分析这些方案的利弊，以便最后抉择。可行性分析是可行性原则的外在表现，是决策活动的重要环节。掌握可行性原则必须认真研究并分析制约因素，包括自然条件的制约和决策本身目标系统的制约。可行性原则的具体要求，就是在考虑制约因素的基础上，进行全面性、选优性、合法性的研究分析。

1.3 决策分析的步骤与追踪决策

1.3.1 决策分析的步骤

决策分析是一个系统的过程，它是由科学的决策步骤组成的。科学的决策步骤的整体也称为科学的决策过程，它反映了决策分析过程的客观规律。科学的决策步骤使决策过程更结构化、系统化和合理化，为进行科学决策提供了重要保证。由于决策问题的性质不同，决策的具体步骤会有所差别。

决策过程一般包括以下五个步骤：

（1）发现问题。

决策分析是为了解决特定问题而进行的，问题存在是决策分析的前提。问题是指决策对象的现实状态与期望状态之间存在的需要缩小或排除的差距。发现与分析问题一般有两种方式：一种是客观事物自身发展过程中呈现出来的对人们生活或者生产有不良影响的问题，这种是被动情况下出现的问题；另一种是人们为了实现既定目标发现的期望与现实之间的差距，这种是主动发现问题。

在发现问题时，要全力抓住并解决主要问题，又不能忽视次要问题；要运用辩证逻辑思维灵活、全面地分析和把握问题，避免片面性；在原因分析中切忌凭个人好恶来选择资料或事实，那样容易得出符合个人意愿但却不符合客观事实的结论。

发现问题后，应准确而具体地界定问题的相关信息，比如问题出现的时间、地点及问题的范围和程度。准确地界定问题是分析问题的有效前提，可以为分析问题提供方向和线索。

（2）确定决策目标。

决策目标是在一定的环境和条件下，决策系统所期望达到的状态。它是拟定方案、评估方案和选择方案的基准，也是衡量问题是否得以解决的指示器。

首先，只有明确决策目标，方案的拟定才有依据。其次，决策目标决定着决策方案的选择。评价方案的标准是看方案是否达到了目标。综上可知，决策目标贯穿了决策分析的多个环节，在决策分析中具有至关重要的作用。因此，确定决策目标是决策过程中的重要阶段。

目标的重要性也决定了确定目标是决策过程的重要阶段。在决策分析中还要区分目标的主次，确定其实现的优先顺序。要正确地确定目标，通常应注意以下几点：

① 目标的针对性；

② 目标的需要和可能；

③ 目标必须具体明确；

④ 目标的约束条件；

⑤ 目标体系。

（3）拟定备选方案。

拟定方案是解决问题、实现决策目标的重要步骤，拟定方案就是寻找解决问题，实现决策目标的方法和途径。决策者应该在客观环境及自身条件允许下，根据决策目标收集和整理相关信息，尽可能地拟定多个可行的备选方案，保证备选方案的可行性。拟定方案的过程大致可以分为以下步骤：

第一步：寻找方案。

在这个阶段决策者应该大胆创新，通过创造性和丰富的想象力去探求解决问题的各种可能方法和途径。

第二步：设计方案。

对寻找的方案进一步加工，详细描述方案的实施细节，形成具有实际价值的具体方案。

第三步：估测方案的结果。

预测各种方案在各种可能的自然状态下所产生的结果。

（4）选择方案。

狭义的选择方案就是"拍板"；广义的选择方案还包括方案的分析与评价。

根据决策目标和评价标准，分析、比较各备选方案，得出各备选方案的优劣顺序，从中选择较满意的方案。决策者自身的知识、能力、心理和偏好对决策方案的选择有一定的影响，同样的决策问题，不同决策者的认知及风险偏好对选择不同的决策方案，以及不同方案的执行结果可能会有较大差距。因此，这一阶段要求决策者具备敏锐的洞察力和良好的分析判断能力，或者通过群体决策进行方案的选择。

（5）实施方案（决策的执行、反馈与调整）。

在选择决策方案后，要落实方案解决问题。在方案的执行过程中要对方案进行最终控制，针对方案实施过程中出现的新情况、新问题及拟定方案时未考虑到的因素，要进行方案的反馈调整。如果主客观条件发生了重大变化，必须对决策目标和方案作出根本性的调整。对方案进行反馈和调整的目的是使决策分析过程接近实际，增加决策方案的使用价值，以更好地指导人们的行动，避免错误决策造成的不必要的混乱和经济上的损失。

决策分析的5个步骤及相互间的关系如图1.1所示。

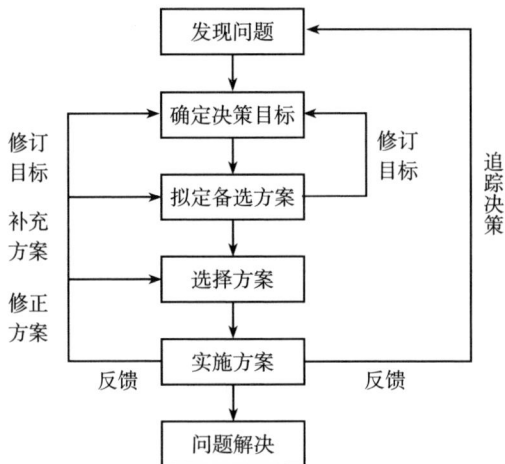

图1.1　决策分析过程

决策分析5个基本步骤是各种决策都不可缺少的。如果不发现问题、分析问题就无从决策；如果不确定明确的决策目标，拟定方案就缺乏依据。只有通过拟定多个可行的备选方案，把决策建立在"多方案选择"的基础之上，通过不同方案的对比，才能选出满意的方案；只有把决策方案付诸实施，才能检验决策的执行结果，实现决策目标，这样的决策才有价值。

1.3.2　追踪决策

追踪决策是在方案实施的过程中，主客观情况发生了重大变化或决策方案存在重大失误时所进行的一种补救性的新决策。

追踪决策不同于一般性的决策修正，而是一种对原有决策的根本性修正，但它又不同于正常决策，因为它具有一些不同于正常决策的基本特征：

（1）回溯分析。

回溯分析是从原决策的起点开始，建立在原有决策的基础之上。

（2）非零起点。

非零起点是指追踪决策是在原有决策实施过程中发生的（决策的时间点不同，条件发生变化）。

（3）双重优化。

双重优化指在各个新方案中进一步择优，新决策优于原决策。

（4）心理效应。

克服心理效应所产生的负面影响，保证追踪决策的顺利进行。缓解决策失误对内部造成的心理压力。避免泄露有关决策失误及追踪决策的信息，以避免引起连锁的社会心理反应。

1.4　决策分析方法

1.4.1　定性决策法

定性决策法又称主观决策法，是指在决策中主要依靠决策者或有关专家的智慧来进行决策的方法，这是一种"软技术"。管理决策者运用社会科学的原理并依据个人的经验和判断力，采取一些有效的组织形式，充分发挥各自丰富的经验、知识和能力，从对决策对象的本质特征的研究入手，掌握事物的内在联系及其运行规律，对企业的经营管理决策目标、决策方案的拟定以及方案的选择和实施作出判断。这种方法适用于受社会、经济、政治等非计量因素影响较大、所含因素错综复杂、涉及社会心理因素较多，以及难以用准确数量表示的综合性问题。这种"软技术"是企业决策采用的主要方法，它弥补了"硬技术"对于人的因素、社会因素等难以奏效的缺陷。"软""硬"两类技术相互配合，取长补短，才能使决策更为有效。常见的决策分析的定性方法有德尔菲法、头脑风暴法、哥顿法、电子会议等。德尔菲法和头脑风暴法最常用，尤其在长远的战略决策中，由于许多条件的不肯定性，德尔菲法特别适用。

1.4.2　定量决策法

定量决策法是以调查统计资料和信息为依据，建立数学模型进行决策方案选择的方法。定量决策法可以对决策问题进行科学的定量分析，能从数量关系上找出符合决策者目标的最优决策。

常见的决策分析的定量方法有线性规划法、量本利分析法、决策树法、边际分析法、概率分析法等。定量决策法的优势在于：① 定量分析是依据一定的数据客观分析事实，确保了决策的准确定和可靠性；② 定量分析有特定的方式方法，可以使得领导、决策者从常规的决策中解脱出来，把注意力放在关键性、全局性的重大复杂战略决策方面。定量决策法的不足在于：① 不能充分考虑定性因素的影响，且要求外界环境和各种主要因素相对稳定，当外界环境和某种主要因素发生变化时，定量分析的结果就会出现较大的误差；② 对于许多复杂的决策，未必可以运用简单可行的定量方案，何况在许多决策问题中有些变量是根本无法定的；③ 有些定量方法比较复杂，许多决策人员不能很好地掌握定量分析方法。

1.4.3 综合决策法

由于决策分析的定性和定量方法在使用上都有一定的局限性，为了使决策结果比较切合实际，提高决策的质量，在实际工作中，应把定性决策法和定量决策法结合起来应用，形成综合决策法。

在复杂的社会、政治、经济、军事领域问题中存在大量的非数量指标（如客户满意度、环境舒适性等），这些指标很难量化，通常只能进行定性分析。只有在对决策问题的内在规律性及其因素之间的因果关系进行大量的定性分析的基础上，才能建立起数学模型，进行定量分析。由于现实问题的复杂性，按照定量分析求得的最优解在实际中不一定是最优的，必须加上定性分析和实践，使得决策接近实际，取得良好的决策效果。

因此，定量分析与定性分析相结合进行综合决策是必要的。定性分析是定量分析的基础，定量分析可使定性分析深入和具体化。两者应相互补充，各取所长，以使决策分析过程逐步优化。常见的综合决策法有层次分析法、模糊综合评价等。

1.4.4 仿真决策法

仿真决策法是指使用仿真模型和技术辅助进行决策过程的方法。仿真决策法是一种通过模拟真实系统的行为和特征来研究和分析系统的方法。在仿真决策中，决策者根据研究对象与研究目的构建一个数学模型来描述所面临的问题，在计算机上模拟、再现真实系统的运行过程，从而求解真实系统特性，系统仿真可以评估不同决策方案的效果。

常见的仿真技术包括连续系统仿真、系统动力学仿真和离散事件系统仿真。

（1）连续系统仿真。

连续系统是系统状态变量随时间连续变化的系统。连续系统描述系统状态变量的变化及变化的速率，连续系统模型一般由微分方程、传递函数和状态方程等描述。

连续系统仿真就是采用数字计算机对连续系统进行求解的技术和方法。在连续系统仿真的早期阶段，模拟计算机广泛地用于微分方程的求解。随着数字计算机计算能力的提高，使用数字计算机对微分方程实现数值求解变得非常普遍，尤其是多高级次、多变量、非线性微分系统，数值仿真是连续系统仿真的主要方法。

（2）系统动力学仿真。

系统动力学（system dynamics，SD）是以麻省理工学院福雷斯特教授为首的系统动力学小组在20世纪50年代创立和发展起来的一门学科。研究对象主要是复杂的、非线性的、具有多重反馈的连续系统。系统动力学在发展初期被称为"工业动力学"（industrial dynamics），研究工业企业的经营管理问题，如企业库存和订货之间的关系问题。随后又出现研究城市的发展、人口变迁以及环境污染的"城市动力学"（urban dynamics）和研究全球社会和经济问题的"世界动力学"（world dynamics）。1972年，福雷斯特教授正式提出了"系统动力学"的名称。系统动力学仿真是系统动力学的实践工具，通过建立数学模型并利用计算机仿真技术来模拟系统的动态行为，广泛应用于经济、管理、生态、社会等复杂系统的建模与分析。系统动力学仿真通过使用专门的软件（如Vensim等）来构建模型、运行仿真，通过仿真预测系统在不同条件下的行为，评估政策或决策的效果，并为优化系统提供依据。

（3）离散事件系统仿真。

离散事件系统是指系统的状态变量在离散的时间点上发生变化，系统在这些时刻的变化是由事件的发生引起的。如在汽车装配线上，每个零件上线、每个组装环节的完成、每辆新车的组装下线都是事件，它们导致了装配线系统的状态变化。为了区分连续系统求数值解时采用离散化，又为了突出本类系统中事件的重要性，故称离散事件系统。

离散事件系统的状态变量及输出变量不是随事件连续变化，而是在一些特定时刻突发的，因此无法用微分方程来描述这些变化以及变化的速率。早期的蒙特卡罗法是对随机系统静态求解，它是在某个时间点进行随机仿真，而不是对整个时间段的动态求解。

由于系统的离散性与随机性，采用现有的数学工具对该类系统进行描述及求解非常困难，仿真决策成为这类问题求解的主要手段。

本章小结

按照西蒙的观点，"管理就是决策"。决策者、决策目标、决策方案、自然状态、决策结果、决策准则是决策分析的6个基本要素。科学化是对管理决策的集中要求，而系统性、经济性、预测性、可行性又是实现科学决策的重要基础，是管理决策及决策分析的基本原则。

决策者的决策活动需要系统分析人员的决策支持，决策分析方法就是为帮助决策者在多变的环境条件下进行正确决策而提供的一套推理方法、逻辑步骤和具体技术，常见的决策分析方法有定性决策法、定量决策法、综合决策法、仿真决策法等。决策分析的过程大致可以归纳为以下5个活动阶段：发现问题、确定决策目标、拟定备选方案、选择方案以及实施决策（决策的执行、反馈与调整）。

思考题

（1）决策的内涵是什么？

（2）决策分析的原则有哪些？

（3）决策分析的步骤有哪些？

第2章　确定型决策分析

2.1　引言

确定型决策，亦称标准决策或半结构化决策，是决策者在对未来可能发生的情况十分清楚和完全确定的条件下所作出的决策。例如，某企业可向三家银行借贷，但利率不同，分别为8%，7.5%，8.5%。企业需决定向哪家银行借款。很明显，向利率最底的银行借款为最佳方案。这就是确定型决策。

确定型决策具备以下四个条件：① 存在着决策人希望达到的一个明确目标；② 只存在一个确定的自然状态；③ 存在着可供选择的两个或两个以上的行动方案；④ 不同的行动方案在确定状态下的损失或利益值可以被计算出来。

由于确定型决策的自然状态只有一种，决策环境完全确定，问题的未来发展只有一种效果，这类问题可以通过建立最优化数学模型来求解。确定型决策分析方法主要有线性规划法和盈亏决策分析法，盈亏决策分析法在很多经济管理图书中均有介绍，因此本章主要介绍线性规划法。与其他传统数学知识相比较，线性规划法是非常年轻却非常实用的一门应用数学。根据20世纪80年代的一项调查结果显示，在美国《财富》（Fortune）杂志名列前五百名的大公司中，85%均曾应用线性规划法来协助公司营运。由此可见线性规划法应用面的宽广与普及。

所谓线性规划，是求线性函数在线性（不等式或等式）约束下达到最（小或大）值的问题。因此线性规划是用线性数学模型表示不同的生产活动、营销活动、金融活动或其他活动的计划。它广泛应用于工农业、军事、交通运输、决策管理与规划、科学实验等领域。美国数学家丹捷格（G. B. Dantzig）提出的单纯形法（simplex method）解决了此问题，单纯形法到目前为止仍是求解线性规划的最普遍、最有效的方法。

2.2 线性规划数学模型

2.2.1 问题的提出

根据一般的说法,线性规划问题是由美国斯坦福大学的丹捷格教授在1947年前后提出来的。那个时候他担任美国空军的数学顾问,负责发展一套机械式的方法来做兵力调遣、人员训练,以及后勤补给计划方案。由于这类问题牵涉很广也很复杂,所以丹捷格教授先考虑最简单的线性结构,将有关的函数一律简化成线性形式来处理。其研究成果在1948年以"线性结构的规划"(*Programming in Linear Structure*)为标题发表。至于线性规划这个名称,则是库普曼斯(T. C. Koopmans)和丹捷格两人于1948年夏天在美国加州圣塔摩尼加(Santa Monica)海滩散步时拟定的。在1947—1949年间,线性规划里的一些重要观念,包括最有名的单纯形法,陆续见诸于世。而且从1947年开始,库普曼斯便明确指出线性规划可以作为传统经济分析的利器。

线性规划应用的问题种类繁多,形式各异,主要分为四类:资源分配问题、成本效益问题、网络配送问题、混合问题。每类线性规划问题的共同特征是决策所基于的约束条件性质,前三类线性规划问题的约束分别是资源约束、收益约束、确定需求约束。更多的实际问题包含至少两种以上的约束。这类问题不能绝对地归属于这三类中的一类,于是把第四类线性规划问题称为混合问题。

2.2.2 线性规划实例

模型是为了研究真实世界的某个问题,在逻辑世界中构建的一个抽象系统。模型有助于解决这个被抽象的实际问题,而且能起到指导并解决其他具有这些共性的实际问题的作用。

当我们用线性规划来求解一个实际问题时,须把这个实际问题用适当的数学形式表达出来,这个表达的过程就是建立数学模型的过程。在建立数学模型的过程中,首先要明确哪些是变量,哪些是已给出的常数,然后将用字母来表示变量,用数字及其他符号表示已给常数。其次将实际问题中的一些规律或关系,用数学表达式加以描述。在能用线性规划求解的实际问题中,这些数学表达式就是线性等式和线性不等式，而目标函数也是一个线性函数。下面将结合一些实际问题来描述和讨论线性规划模型的建立。

【例2.1】资源分配问题（resource allocation problem）

某人有一幢楼房，室内面积共180 m²，拟分隔成两类房间作为旅游客房。大房间每间面积为18 m²，可住游客5名，每名游客每天住宿费为40元；小房间每间面积为15 m²，可住游客3名，每名游客每天住宿费为50元；装修大房间每间需1000元，装修小房间每间需600元。如果某人只能筹款8000元用于装修，且游客能住满客房，他应隔出大房间和小房间各多少间，才能获得最大收益？最大收益是多少？

这些数据可以列表表示。

变量	大房间	小房间	资源限制
面积/m²	18	15	180
装修费用/元	1000	600	8000
住宿费/元	40	50	—

【解】为建立模型，引入变量如下：假设 x_1 表示大房间数量，x_2 表示小房间数量，Z 表示获得的收益。

由表中最后一行知总收益

$$Z = 200x_1 + 150x_2$$

目标是如何确定 x_1 和 x_2，使得收益 Z 最大，同时需要满足资源约束。

对于面积，有

$$18x_1 + 15x_2 \leqslant 180$$

对于装修费用，有

$$1000x_1 + 600x_2 \leqslant 8000$$

此外，两种房间数量不可能是负值，因此，有如下对变量的非负约束

$$x_1 \geqslant 0 \ , \ x_2 \geqslant 0$$

于是，问题的数学模型现在可以用代数式表述如下

$$\max Z = 200x_1 + 150x_2$$

满足

$$\begin{cases} 18x_1 + 15x_2 \leqslant 180 & (2.1) \\ 1000x_1 + 600x_2 \leqslant 8000 & (2.2) \\ x_1 \geqslant 0, \ x_2 \geqslant 0 & (2.3) \end{cases}$$

实际上这是求一个线性函数在一组线性约束条件下的最大值问题，称之为线性规划问题模型。以上模型中，将 x_1，x_2 称为决策变量，$Z = 200x_1 + 150x_2$ 为目标函数，式（2.1）和式（2.2）为函数约束，式（2.3）为非负约束。

从以上过程可以归纳出根据实际问题建立线性规划模型的步骤：

（1）根据管理层的要求确定决策目标和收集相关数据；

（2）确定要作出的决策，引入决策变量；

（3）确定对这些决策的约束条件和目标函数。

【例2.2】成本效益问题（cost benefit problem）

某校同学为参加市运动会团体操演出而要制作道具纸花，该校组委会要将甲、乙两种大小不同的彩纸截成A，B，C三种规格的纸片，折成纸花。已知甲种彩纸每张8元，乙种彩纸每张6元，每张彩纸可同时截得三种规格纸片的块数如下表所示。

变量	甲种彩纸	乙种彩纸	最低要求
A规格/块	2	1	15
B规格/块	1	2	18
C规格/块	1	3	27
采购成本/元	8	6	—

现需要A，B，C三种规格的纸片至少15，18，27块，问各截这两种彩纸多少张可得所需三种规格小纸片，且花费最少？

【解】为建立线性规划模型，引入变量如下：假设 x_1 表示甲种彩纸数量；x_2 表示乙种彩纸数量；则目标函数 $Z = 8x_1 + 6x_2$ 表示彩纸成本函数，即如何确定 x_1，x_2 使得成本 $Z = 8x_1 + 6x_2$ 最少且满足三种规格小纸片要求的约束，这些约束条件是：

A规格小纸片：$2x_1 + x_2 \geqslant 15$

B规格小纸片：$x_1 + 2x_2 \geqslant 18$

C规格小纸片：$x_1 + 3x_2 \geqslant 27$

另外非负约束：$x_1 \geqslant 0$，$x_2 \geqslant 0$

因此这个问题的线性规划模型为

$$\min Z = 8x_1 + 6x_2$$

$$\text{s.t.}^{①}\begin{cases} 2x_1 + x_2 \geqslant 15 \\ x_1 + 2x_2 \geqslant 18 \\ x_1 + 3x_2 \geqslant 27 \\ x_1 \geqslant 0, \ x_2 \geqslant 0 \end{cases}$$

【例2.3】利润最大化问题

某机械设备加工厂生产甲、乙、丙三种设备，每种设备都需要使用A，B，C三种材料，每件设备在生产中需要使用的材料数目、每件设备获得的利润及三种资源可利用的数目如下表所示：

变量	甲	乙	丙	资源限量
A	3	2	2	55
B	2	3	4	80
C	3	2	5	80
单位产品价格/元	30	40	20	—

试拟定获得最大利润的生产计划方案。（只要求建立线性规划模型）

【解】设计划生产甲产品x_1件、乙产品x_2件、丙产品x_3件，利润为Z，则x_1，x_2，x_3满足

$$\max Z = 30x_1 + 40x_2 + 20x_3$$

$$\text{s.t.}\begin{cases} 3x_1 + 2x_2 + 2x_3 \leqslant 55 \\ 2x_1 + 3x_2 + 4x_3 \leqslant 80 \\ 3x_1 + 2x_2 + 5x_3 \leqslant 80 \\ x_1 \geqslant 0, \ x_2 \geqslant 0, \ x_3 \geqslant 0 \end{cases}$$

从以上几个例子可以看出，线性规划问题有如下共同特征：

（1）每个问题都用一组决策变量，这组决策变量的值都代表一个具体方案。

（2）有一个衡量决策方案优劣的函数，它是决策变量的线性函数，称为目标函数。按问题不同，要求目标函数实现最大化或最小化。

（3）存在一些约束条件，这些约束条件包括：① 函数约束；② 决策变量的非负约束。

---

① "s.t." 是 "subject to" 的缩写，意思是 "受约束于……"，后同。

2.3 线性规划的标准型

根据2.2节分析，线性规划的一般形式为

$$\max(\min)Z = c_1 x_1 + c_2 x_2 + \cdots + c_n x_n$$

$$\text{s.t.}\begin{cases} a_{11}x_1 + a_{12}x_2 + \cdots + a_{1n}x_n \leqslant (=, \geqslant) b_1 \\ a_{21}x_1 + a_{22}x_2 + \cdots + a_{2n}x_n \leqslant (=, \geqslant) b_2 \\ \quad\quad\cdots\cdots\cdots\cdots \\ a_{m1}x_1 + a_{m2}x_2 + \cdots + a_{mn}x_n \leqslant (=, \geqslant) b_m \\ x_j \geqslant 0 \ (j=1, \cdots, n) \end{cases}$$

线性规划问题有各种不同的形式。目标函数有的要求 max，有的要求 min；约束条件可以是"≤"或"≥"形式的不等式，也可以是等式。决策变量一般是非负约束，但也允许在（$-\infty$，∞）范围内取值，即无约束。为了避免形式多样性带来的不便，将这种多形式的数学模型统一变换为标准型形式。这里规定的标准型形式为

$$\max Z = c_1 x_1 + c_2 x_2 + \cdots + c_n x_n$$

$$\text{s.t.}\begin{cases} a_{11}x_1 + a_{12}x_2 + \cdots + a_{1n}x_n = b_1 \\ a_{21}x_1 + a_{22}x_2 + \cdots + a_{2n}x_n = b_2 \\ \quad\quad\cdots\cdots\cdots\cdots \\ a_{m1}x_1 + a_{m2}x_2 + \cdots + a_{mn}x_n = b_m \\ x_j \geqslant 0 \ (j=1, \cdots, n) \end{cases}$$

即

（1）目标函数的要求是 max；

（2）约束条件的要求是等式；

（3）决策变量的要求是非负约束；

（4）在标准型形式中规定各约束条件的右端项 $b_i > 0$，否则等式两端乘以"-1"。

有时为了书写方便，线性规划问题的数学模型用矩阵、向量来表示。用向量和矩阵符号表示时为

$$\max Z = CX$$

$$\begin{cases} \sum_{j=1}^{n} P_j x_j = b \\ x_j \geqslant 0 \ (j=1, \ 2, \ \cdots, \ n) \end{cases}$$

其中，$C = (c_1, \ c_2, \ \cdots, \ c_n)$；

$$X = \begin{bmatrix} x_1 \\ x_2 \\ \vdots \\ x_n \end{bmatrix}; \quad P_j = \begin{bmatrix} a_{1j} \\ a_{2j} \\ \vdots \\ a_{mj} \end{bmatrix}; \quad b = \begin{bmatrix} b_1 \\ b_2 \\ \vdots \\ b_m \end{bmatrix}$$

向量 P_j 对应的决策变量是 x_j。

用矩阵描述时为

$$\max Z = CX$$

$$\begin{cases} AX = b \\ X \geqslant 0 \end{cases}$$

其中，$A = \begin{pmatrix} a_{11} & a_{12} & \cdots & a_{1n} \\ \vdots & \vdots & & \vdots \\ a_{m1} & a_{m2} & \cdots & a_{mn} \end{pmatrix} = (P_1, \ P_2, \ \cdots, \ P_n); 0 = \begin{bmatrix} 0 \\ 0 \\ \vdots \\ 0 \end{bmatrix}$

称 A 为约束条件的 $m \times n$ 维系数矩阵，一般 $m < n$（约束条件的个数 m 小于变量的个数 n）；$m, \ n > 0$；b 称为资源向量；C 称为价值向量；X 称为决策变量向量。

下面讨论化标准型的方法：

（1）化求目标函数最小值问题为求最大值问题。

$\min Z = CX$，则作 $Z' = -CX$，即 $\max Z' = -CX$

（2）化不等式约束为等式约束。

当约束条件为"≤"时，则在左边加上一个新变量——称为松弛变量，将不等式改为等式；如 $x_1 - 2x_2 \leqslant 8$，$x_1 - 2x_2 + x_3 = 8$，$x_3 \geqslant 0$。

当约束条件为"≥"时，则在不等式左边减去一个新变量——称为松弛变量，将不等式改为等式。如 $x_1 - 2x_2 \geqslant 8$，$x_1 - 2x_2 - x_3 = 8$，$x_3 \geqslant 0$。

（3）化右端项为非负常数。

只需将两端同乘（-1），不等号改变方向，然后再将不等式改为等式。

例如，$2x_1 + x_2 \geq -6$，$-2x_1 - x_2 \leq 6$，$-2x_1 - x_2 + x_3 = 6$。

（4）化无约束的变量为非负变量。

无约束的变量即可正可负，则可引入两个新变量，x'，x''，令 $x = x' - x''$，其中 $x' \geq 0$，$x'' \geq 0$，将其代入线性规划模型即可。

（5）化非正变量为非负变量。

令 $x' = -x$，显然 $x' \geq 0$。

【例2.4】 将下述线性规划化问题化为标准型。

$$\max Z = 5x_1 + 4x_2 - 2x_3 + 3x_4$$

$$\text{s.t.} \begin{cases} -x_1 + x_2 + x_3 + x_4 \leq 6 \\ x_1 - x_2 + x_3 + x_4 \geq 2 \\ 3x_1 + x_2 + 2x_3 + x_4 = 7 \\ x_1,\ x_2 \geq 0,\ x_3 \leq 0,\ x_4 \text{取值无约束} \end{cases}$$

【解】 令 $x_3' = -x_3 \geq 0$，$x_4 = x_4' - x_4''$，$x_3' \geq 0$，$x_4' \geq 0$，$x_4'' \geq 0$

$$\max Z = 5x_1 + 4x_2 + 2x_3' + 3\left(x_4' - x_4''\right)$$

$$\text{s.t.} \begin{cases} -x_1 + x_2 - x_3' + \left(x_4' - x_4''\right) + x_5 = 6 \\ x_1 - x_2 - x_3' + \left(x_4' - x_4''\right) - x_6 = 2 \\ 3x_1 + x_2 - 2x_3' + \left(x_4' - x_4''\right) = 7 \\ x_1,\ x_2,\ x_3,\ x_4',\ x_4'',\ x_5,\ x_6 \geq 0 \end{cases}$$

【例2.5】 将下述线性规划化问题化为标准型。

$$\min Z = 6x_1 + 4x_2 - 8x_3 + 2x_4$$

$$\text{s.t.} \begin{cases} x_1 + 2x_2 - x_3 - x_4 \leq 16 \\ x_1 - 3x_2 + x_3 + 4x_4 \geq 2 \\ 3x_1 + x_2 + 2x_3 + x_4 = 10 \\ x_1,\ x_2 \geq 0, x_4 \leq 0, x_3 \text{取值无约束} \end{cases}$$

【解】 令 $z' = -z$，$x_4' = -x_4 \geq 0$，$x_3 = x_3' - x_3''$，$x_3' \geq 0$，$x_3'' \geq 0$，$x_4' \geq 0$

$$\max Z' = -6x_1 - 4x_2 + 8\left(x_3' - x_3''\right) + 2x_4'$$

$$\text{s.t.}\begin{cases} x_1 + 2x_2 - \left(x_3' - x_3''\right) + x_4' + x_5 = 16 \\ x_1 - 3x_2 + x_3' - x_3'' - 4x_4' - x_6 = 2 \\ 3x_1 + x_2 + 2\left(x_3' - x_3''\right) - x_4' = 10 \\ x_1, \ x_2, \ x_4', \ x_3', \ x_3'', \ x_5, \ x_6 \geqslant 0 \end{cases}$$

2.4　线性规划问题的解的概念

在讨论线性规划问题的求解前，先要了解线性规划问题的解的概念。一般线性规划问题的标准型为

$$\max Z = CX$$

$$\text{s.t.}\begin{cases} AX = b \\ X \geqslant 0 \end{cases}$$

从代数学的角度得到如下概念：

可行解：满足上式约束条件的解 $x = (x_1, \ x_2, \ x_3, \ \cdots, \ x_n)^{\mathrm{T}}$，称为线性规划问题的可行解。全部可行的集合称为可行域。

最优解：使目标函数达到最大值的可行解称为最优解，对应的目标函数值称为最优值。

如果线性规划问题的最优解存在且唯一，则称线性规划问题有唯一最优解。如果线性规划问题的最优解存在但不唯一，则称线性规划问题有多重最优解。

基：设 $A_{m \times n}$（$m > n$）为约束方程组的系数矩阵，其秩为 m。$B_{m \times m}$ 是矩阵 A 中的一个 $m \times m$ 阶的满秩子矩阵，则称 B 是线性规划问题的一个基（基矩阵）。设 $B = (a_{ij})_{m \times m}$ 中的每一个列向量 P_j（$j = 1, \ 2, \ \cdots, \ m$）为基向量。与基向量 P_j 对应的变量 x_j 称为基变量，其他的变量称为非基变量。

基解：在约束方程组的关系矩阵中，设 $B = (P_1, \ P_2, \ \cdots, \ P_m)$，则 x_1，$x_2, \ x_3, \ \cdots, \ x_m$ 为基变量，$x_{m+1}, \ \cdots, \ x_n$ 为非基变量，令所有非基变量 $x_{m+1}, \ \cdots$，x_n 为 0，得到约束方程 $BX_B = b$，因为 $|B| \neq 0$，由克莱姆法则，由 m 个约束方程可解出 m 个基变量的唯一解 $X_B = (x_1, \ x_2, \ \cdots, \ x_m)^{\mathrm{T}}$。显然，在基解中，变量取非零值的个数不大于方程个数 m，故基解的总数不超过 C_n^m 个。则称由约束方程确定的唯一解 $X = (x_1, \ x_2, \ x_3, \ \cdots, \ x_m, \ 0, \ \cdots, \ 0)^{\mathrm{T}}$ 为线性规划问题的基解。

基可行解：满足约束条件的基解称为基可行解。

可行基：对应于基可行解的基称为可行基。

退化解：若基解 X_B 中至少有一个分量为零，则称为退化解。

由此可知，退化基可行解中的非零分量一定小于 m 个，非退化解中非零分量一定等于 m 个。若有关线性规划问题的所有基可行解都是非退化解，则该问题为非退化线性规划问题；否则，称为退化线性规划问题。

各解的关系如图2.1所示：

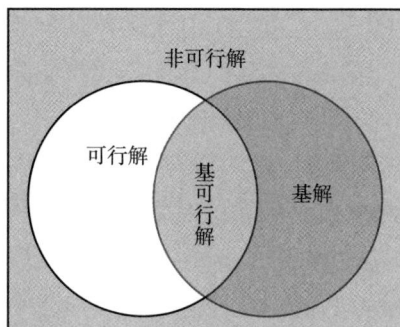

图2.1 线性规划问题的解的关系图

【例2.6】 求出下列线性规划问题的一个基、基变量、基解、基可行解和可行基。

$$\max Z = x_1 + 2x_2 + 3x_3$$

$$\text{s.t.} \begin{cases} x_1 + x_2 + x_3 \leqslant 3 \\ x_1 + 4x_2 + 5x_3 \leqslant 9 \\ 2x_1 - x_2 - x_3 \leqslant 1 \\ x_1 \geqslant 0, \ x_2 \geqslant 1, \ x_3 \geqslant 0 \end{cases}$$

【解】 化为标准型形式为

$$\max Z = x_1 + 2x_2 + 3x_3 + 0x_4 + 0x_5 + 0x_6$$

$$\text{s.t.} \begin{cases} x_1 + x_2 + x_3 + x_4 = 3 \\ x_1 + 4x_2 + 5x_3 + x_5 = 9 \\ 2x_1 - x_2 - x_3 + x_6 = 1 \\ x_i \geqslant 0, \ i = 1, \ 2, \ \cdots, \ 6 \end{cases}$$

由此，约束方程的系数矩阵为

$$A = \begin{bmatrix} 1 & 1 & 1 & 1 & 0 & 0 \\ 1 & 4 & 5 & 0 & 1 & 0 \\ 2 & -1 & -1 & 0 & 0 & 1 \end{bmatrix}; \ b = \begin{bmatrix} 3 \\ 9 \\ 1 \end{bmatrix}; \ X = \begin{bmatrix} x_1 \\ x_2 \\ x_3 \\ x_4 \\ x_5 \\ x_6 \end{bmatrix}; \ C = \begin{bmatrix} 1 & 2 & 3 & 0 & 0 & 0 \end{bmatrix}$$

矩阵秩不超过 3，而 $(p_4 \quad p_5 \quad p_6) = \begin{bmatrix} 1 & 0 & 0 \\ 0 & 1 & 0 \\ 0 & 0 & 1 \end{bmatrix}$ 是一个 3×3 的满秩子矩阵，故

$B = (p_4 \quad p_5 \quad p_6)$ 是一个基，x_4，x_5，x_6 是基变量，x_1，x_2，x_3 是非基变量。令非基变量 x_1，x_2，x_3 为零，则 $X = [0 \quad 0 \quad 0 \quad 3 \quad 9 \quad 1]^T$ 是一个基解。因该基解中所

有变量取值为非负，故又是基可行解，对应的基 $B = \begin{bmatrix} 1 & 0 & 0 \\ 0 & 1 & 0 \\ 0 & 0 & 1 \end{bmatrix}$ 是一个可行基。

2.5　线性规划的图解法

当决策变量只有两个时，线性规划问题可以采用在平面上作图的方法求解，这种方法称为图解法。如果一个线性规划问题只有两个变量，那么可以直观了解可行域 D 的结构，还可利用目标函数与可行域的关系采用图解法求解该问题。

2.5.1　唯一最优解

【例 2.7】　设线性规划的模型为

$$\max Z = 2x_1 + 3x_2$$

$$\text{s.t.} \begin{cases} 3x_1 + 6x_2 \leqslant 24 \\ 2x_1 + x_2 \leqslant 10 \\ x_1, \ x_2 \geqslant 0 \end{cases}$$

首先建立 $x_1 O x_2$ 坐标平面（见图 2.2），坐标系上的横轴是 x_1 轴，纵轴是 x_2 轴。由非负约束 $x_1 \geqslant 0$、$x_2 \geqslant 0$ 可知，所有可行解的集合（可行域）应在第一象限。然后，要逐个查看每个函数约束都允许的非负解，最后再综合考虑所有的约束条件。

第一个函数约束取等号为 $3x_1 + 6x_2 = 24$，过点（8，0）和（0，4）作直线，这样取得 $3x_1 + 6x_2 \leqslant 24$ 的解域。

第二个约束取等号成为方程式 $2x_1 + x_2 = 10$，过点（0，10）和（5，0）作直线，得到 $2x_1 + x_2 \leqslant 10$ 的解域。对于不等式组的解域，是两个解域的公共部分，凸多边形 $OABC$ 为满足约束条件的可行域。

确定了可行域后，需要找出可行域中哪些解是最优解，即使目标函数

$Z = 2x_1 + 3x_2$ 尽可能大的可行解。为做到这一点，考虑给目标函数一个值，例如给定 $Z = 6$，显然可以在图上画出一条直线 $2x_1 + 3x_2 = 6$（见图2.2），在直线上任一点处，对应的目标函数值均为6，故称该直线为目标函数的等值线。

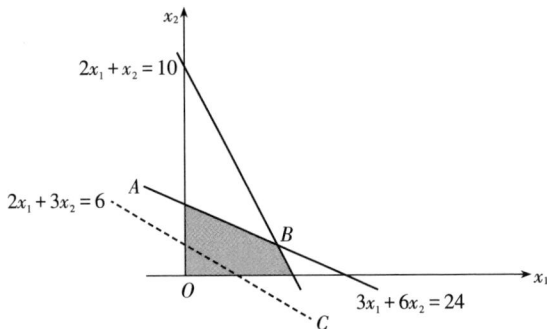

图2.2　线性规划图形(1)

$Z = 6$ 只是目标函数的一个给定值，对于其他 Z 的给定值，如 $Z = 12$ 也可在图上画出一条直线 $2x_1 + 3x_2 = 12$，显然，对于 Z 的不同给定值 k，$2x_1 + 3x_2 = k$ 是一组平行的直线族，当 k 的值由小变大时，目标函数的等值线平行移动，它与可行域的最后一个交点（一般是可行域的一个顶点）就是所求的最优点，即图2.3中的 B 点。读出 B 点的坐标（4，2），此时目标函数值 $Z = 14$。对于遇到图形中不易读出精确值的解时，可通过联立方程获得最优解。

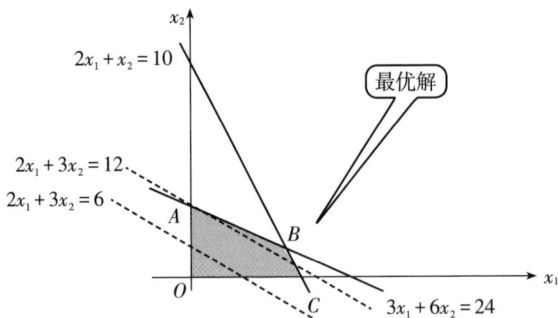

图2.3　线性规划图形(2)

2.5.2　无穷多最优解

若目标函数线平行移动到最后与一约束线重合，这时线上每个点都是最优解，即无穷多最优解。

【**例2.8**】 设线性规划的模型为

$$\min Z = 4x_1 - 2x_2$$

$$\text{s.t.} \begin{cases} 2x_1 - x_2 \geqslant -2 \\ x_1 - 2x_2 \leqslant 2 \\ x_1 + x_2 \leqslant 5 \\ x_1, \ x_2 \geqslant 0 \end{cases}$$

由于目标函数 $Z = 4x_1 - 2x_2$ 的等值线与直线 A_1A_2 平行，当目标函数的等值线与直线 A_1A_2 重合（此时 $Z = -4$ ）时，目标函数 $Z = 4x_1 - 2x_2$ 达到最小值 -4，于是，线段 A_1A_2 上的每个点均为该问题的最优解。特别地，线段 A_1A_2 的两个端点，即可行域 D 的两个顶点 $A_1 = (0, \ 2)^T, A_2 = (1, \ 4)^T$ 均是该线性规划问题的最优解（见图2.4）。此时，有无穷多最优解。

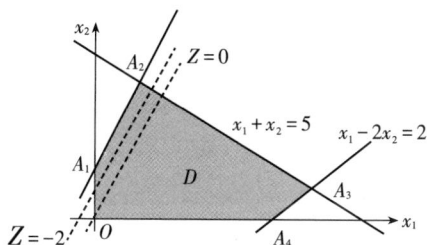

图2.4 线性规划图形（3）

2.5.3 无界解（无有限最优解）

【**例2.9**】用图解法解线性规划

$$\min Z = -2x_1 + x_2$$

$$\text{s.t.} \begin{cases} x_1 + x_2 \geqslant 1 \\ x_1 - 3x_2 \geqslant -3 \\ x_1 \geqslant 0, \ x_2 \geqslant 0 \end{cases}$$

【**解**】该问题的可行区域如图2.5所示。

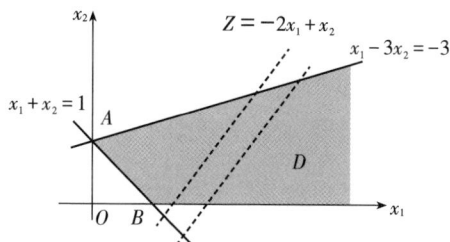

图2.5 线性规划图形（4）

与例2.8求解方法类似，目标函数 $Z=-2x_1+x_2$ 沿着它的负法线方向 $(2，-1)^T$ 移动，由于可行域 D 无界，因此，移动可以无限制下去，而目标函数值一直减小，所以该线性规划问题无有限最优解，即该问题无界。

2.5.4 无可行解

【例2.10】

$$\max Z = x_1 + 2x_2$$
$$\text{s.t.} \begin{cases} -x_1 + 2x_2 \leqslant 2 \\ x_2 \geqslant 3 \end{cases}$$

则该问题的可行域为空集，即没有一个点满足所有的约束条件，问题无可行解，也不存在最优解。

从图解法的几何直观容易得到下面几个重要结论：

（1）线性规划的可行域 D 是若干个半平面的交集，它形成了一个多面凸集（也可能是空集）。

（2）对于给定的线性规划问题，如果它有最优解，最优解总可以在可行域 D 的某个顶点上达到。在这种情况下还包含两种情况：有唯一解和有无穷多解。

（3）如果可行域无界，那么线性规划问题的目标函数可能有无界的情况。

2.6 单纯形法

根据图解法知道，若线性规划问题有最优解，则必可在某个顶点上达到，即在某个基可行解上取得最优解。因此，对线性规划问题，把所有基可行解都找出来，然后逐个进行比较，求出最优解。基本可行解的个数小于等于 C_n^m 个，若 m，n 取值都很小还可以列出来，但如果 m，n 很大时，例如 $m=20$，$n=40$ 时，$C_n^m \approx 1.3 \times 10^{11}$，显然行不通。

换一种思考方法，从某个基可行解出发，每次总是寻找比上一个更好的基可行解，如果不比上一个好就不去计算，这样做就大大减少计算量。其基本想法是判别当前解是否最优，提出问题的标准，从可行域中某个基可行解（一个顶点）开始，转换到另一个基可行解（顶点），并且使目标函数逐步增大，最后就得到了最优解。美国数学家丹捷格提出的单纯形法解决了此问题，单纯形法到目前为止一直是求解线性规划的最普遍、最有效的方法。单纯形法需要解决以下3个问题：

（1）如何得到一个初始的基可行解；

（2）如何判别当前的基可行解是否已达到了最优解；

（3）若当前解不是最优解，如何去寻找一个比当前解更好的基可行解。

2.6.1 初始基可行解的确定

为了取定初始基可行解，首先要找出初始可行基，其方法如下：

（1）若线性规划问题

$$\max Z = \sum_{j=1}^{n} c_j x_j$$

$$\text{s.t.} \begin{cases} \sum_{j=1}^{n} P_j x_j = b \\ x_j \geqslant 0, \ j=1, \ 2, \ \cdots, \ n \end{cases}$$

则从 $P_j(j=1, 2, \cdots, n)$ 中一般能直接观察到一个初始可行基 $B = \begin{pmatrix} 1 & 0 & \cdots & 0 \\ 0 & 1 & \cdots & 0 \\ \vdots & \vdots & & \vdots \\ 0 & 0 & \cdots & 1 \end{pmatrix}$。

（2）对约束条件是"≤"形式的不等式，在每个约束条件的左端加上一个松弛变量。

显然可以得到一个单位矩阵 $B = \begin{pmatrix} 1 & 0 & \cdots & 0 \\ 0 & 1 & \cdots & 0 \\ \vdots & \vdots & & \vdots \\ 0 & 0 & \cdots & 1 \end{pmatrix}$。

（3）对所有约束条件是"≥"形式的不等式及等式约束情况，若不存在单位矩阵，就采用人造基方法。即对不等式约束减去一个非负剩余变量，再加上一个非负人工变量；对于等式约束再加上一个非负人工变量，总能得到一个单位矩阵。

2.6.2 最优解的检验和解的判别

由两个变量的线性规划图解方法得到启示，线性规划问题的求解结果可能出现唯一最优解、无穷多最优解、无界解和无可行解4种情况，为此需要建立对解的判别准则。根据2.6.1节得到的基解计算公式可归纳如下：

$$x_i = b_i - \sum_{j=m-1}^{n} a_{ij} x_j, \ i = 1, \ 2, \ \cdots, \ m \tag{2.4}$$

将式（2.4）代入目标函数，整理后得到

$$
\begin{aligned}
Z &= \sum_{i=1}^{m} c_i x_i + \sum_{j=m+1}^{n} c_j x_j \\
&= \sum_{i=1}^{m} c_i \left(b_i - \sum_{j=m+1}^{n} a_{ij} x_j \right) + \sum_{j=m+1}^{n} c_j x_j \\
&= \sum_{i=1}^{m} c_i b_i - \sum_{i=1}^{m} \sum_{j=m+1}^{n} c_i a_{ij} x_j + \sum_{j=m+1}^{n} c_j x_j \\
&= \sum_{i=1}^{m} c_i b_i + \sum_{j=m+1}^{n} \left(c_j - \sum_{i=1}^{m} c_i a_{ij} \right) x_j \\
&= Z_1 + \sum_{j=m+1}^{n} \sigma_j x_j
\end{aligned}
$$

其中，$Z_1 = \sum_{i=1}^{m} c_i b_i$，$\sigma_j = c_j - \sum_{i=1}^{m} c_i a_{ij}$，$j = m+1$，$m+2$，$\cdots$，$n$。因为可行解 X 的非基变量 $x_j \geq 0$，所以当 $\sigma_j \leq 0$ 时，由于 $Z = Z_1 + \sum_{j=m+1}^{n} \sigma_j x_j$，故必有 $Z_1 \geq Z$，即基可行解 X_0 对应的目标函数值 Z_1 大于线性规划的任一可行解 X 的目标值 Z，于是 X_0 即为线性规划的最优解。

称 σ_j 为线性规划的检验数。从而得到下面的结论：

（1）最优性判定法则。

若对基可行解 X，所有检验数 $\sigma_j \leq 0$，则 X 为最优解。

（2）无穷多最优解判定法则。

若对某可行解 X，所有检验数 $\sigma_j \leq 0$，且有一个非基变量 x_k 的检验数等于 0，则问题有无穷多最优解。

（3）唯一最优解判别法则。

若对某可行解 X，所有非基变量的检验数 $\sigma_j < 0$，则问题有唯一最优解。

（4）无界解的判别法则。

若对基可行解 X，存在非基变量 x_k 的检验数 $\sigma_k > 0$，但 $a_{ik} \leq 0$，$i = 1$，2，$\cdots$，m，即 x_k 的系数列向量无正分量，则问题无界解。

2.6.3　基变换

若当前解不是最优解，如何去寻找一个比当前解更好的基可行解？具体做法是从原可行解基中换一个列向量（当然要保持线性独立），得到一个新的基可行解，这称为基变换。为了换基，先要确定换入变量，再确定换出变量，让它们相应的系数列向量进行交换，得到一个新的基可行解。

（1）换入变量的确定。

当某个 $\sigma_k>0$（$k=m+1$，$m+2$，$\cdots$，n）时，则由前面推导的结论 $Z=Z_1+\sum\limits_{j=m+1}^{n}\sigma_j x_j$，若 $x_k>0$，其余的非基变量仍取零值，则目标函数将增大 $\left(\sum\limits_{j=m+1}^{n}\sigma_j x_j>0,\ Z>Z_1\right)$，这说明只要检验数 $\sigma_k>0$ 的非基变量 x_k 换入基变量中去（称为换入变量），就可保证新基可行解的目标值增大。若有两个以上的 σ_j，那么选 $\sigma_j>0$ 中大的那个，即 $\max(\sigma_j>0)=\sigma_k$，则对应的 x_k 为换入变量。但也可以任选。

（2）换出变量的确定。

在确定 x_k 为换入变量后，由于其他的非基变量仍然为非基变量，即 $x_j=0$（$j=m+1$，$m+2$，$\cdots$，n 且 $j\neq k$），故 $x_i=b_i'-a_{ik}x_k$，由于 $x_i\geq0$，所以 $a_{ik}x_k\leq b_i'$。于是，①若所有 $a_{ik}\leq0$，则由于 $x_k\geq0$，$x_i=b_i'-a_{ik}x_k$ 永远没有最大值，这表明线性规划问题没有最优解，是无界解。②在 $i=1$，2，$\cdots$，m 中，至少有一个 $a_{ik}>0$ 时，由于 $b_i'\geq0$，则对于正的 a_{ik} 有 $x_k\leq\dfrac{b_i'}{a_{ik}}$（所有 $a_{ik}>0$），记

$$\theta=\min_i\left\{\frac{b_i}{a_{ik}}\bigg|a_{ik}>0\quad(i=1,\ 2,\ \cdots,\ m)\right\}=\frac{b_l}{a_{lk}}$$

则 x_k 的增加不能超过 θ，此方程相应的变量 x_l 即为换出变量。这时的 θ 值是按最小比值来确定的，称为最小比值原则；与此相应的 a_{lk} 称为主元素。基变换进行后所得新的基可行解中，$x_l=0$，x_k 上升为正数，目标值 $Z=Z_1+\sum\limits_{j=m+1}^{n}\sigma_j x_j\leq Z_1+\sum\limits_{j=m+1}^{n}\sigma_j\dfrac{b_i'}{a_{ik}}$，确实变大了。

2.6.4　单纯形表

为了计算上的方便和规格化，对单纯形法计算设计了一种专门表格，称为单纯形表。如表2.1所示。

表2.1　单纯形表

c_j			c_1	$\cdots$	c_m	c_{m+1}	$\cdots$	c_n	θ_i
c_B	X_B	b	x_1	$\cdots$	x_m	x_{m+1}	$\cdots$	x_n	
c_1	x_1	b_1	1	$\cdots$	0	$a_{1,\,m+1}$	$\cdots$	a_{1n}	θ_1
c_2	x_2	b_2	0	$\cdots$	0	$a_{2,\,m+1}$	$\cdots$	a_{2n}	θ_2
$\vdots$	$\vdots$	$\vdots$	$\vdots$		$\vdots$	$\vdots$		$\vdots$	$\vdots$
c_m	x_m	b_m	0	$\cdots$	1	$a_{m,m+1}$	$\cdots$	a_{mn}	θ_m
$-Z$		$-\sum\limits_{i=1}^{m}c_i b_i$	0	$\cdots$	0	$c_{m+1}-\sum\limits_{i=1}^{m}c_i a_{i,\,m+1}$	$\cdots$	$c_n-\sum\limits_{i=1}^{m}c_i a_{in}$	

在单纯形表的第2~3列列出某个基可行解中的基变量及它们的取值，接下来列出问题中的所有变量。在基变量下面各列数字分别是对应的基向量数字。表中变量 x_1，x_2，$\cdots$，x_m 下面各列组成的单位矩阵就是初始基可行解对应的基。其中，每个基变量 x_j 下面的数字，是该变量在约束方程的系数向量 $\boldsymbol{P}_j$ 表达为基向量线性组合时的系数；c_j 为表中最上端的一行数，是各变量的目标函数中的系数值；c_B 为表中最左端一列数，是与各基变量对应的目标函数中的系数值；b 为列中填入约束方程右端的常数；σ_j $(j=m+1,\ m+2,\ \cdots,\ n)$ 称为变量 x_j 的检验数，根据定义，$\sigma_j=c_j-\sum\limits_{i=1}^{m}c_i a_{ij}$，即将 x_j 下面的这列数字 $\boldsymbol{P}_j$ 与 c_B 中同行的数字分别相乘，再用 x_j 上端 c_j 值减去上述乘积之和

即
$$c_j-(c_1 a_{1j}+c_2 a_{2j}+\cdots+c_m a_{mj})=c_j-\sum\limits_{i=1}^{m}c_i a_{ij}$$

θ_i 列的数字是在确定换入变量后，按 θ 规则计算后填入。其中，$\theta_i=\dfrac{b_i}{a_{ij}}$ $(a_{ij}>0)$，x_j 为换入变量。

2.6.5　单纯形法的计算步骤

根据以上讨论，将求解线性规划问题的单纯形法的计算步骤归纳如下：

第一步：求出线性规划的初始基可行解：将模型变换成标准型形式，列出初始单纯形表，求出检验数。其中基变量的检验数必为零。

第二步：进行最优性检验，各非基变量检验数为 $\sigma_j = c_j - \sum\limits_{i=1}^{m} c_i a_{ij}, j = m+1,$ $m+2, \cdots, n$，如果，$\sigma_j \leqslant 0$，则表中的基可行解是问题的最优解，计算到此结束，否则进入下一步。

第三步：在 $\sigma_j > 0$，$j = m+1, \cdots, n$ 中，若有某个 σ_k 对应的 x_k 的系数列向量 $\boldsymbol{P}_k = a_{ik} \leqslant 0$，则此问题具有无界解，停止计算。否则，转入下一步。

第四步：若存在 $\sigma_j > 0$ 且所对应的系数列向量不全非负，则进行基变换：从一个基可行解换到另一个目标函数值更大的基可行解，列出新的单纯形表。

（1）确定换入变量：若只有一个 $\sigma_j > 0$，则对应的变量 x_j 就可作为换入变量，当有两个以上检验数大于零，一般取最大的 σ_k，即 $\sigma_k = \max\{\sigma_j | \sigma_k > 0\}$，取 x_k 作为换入变量。

（2）确定换出变量：根据 θ 规则，对 $\boldsymbol{P}_k$ 列由公式计算得 $\theta_l = \min\left\{\dfrac{b_i}{a_{ik}} \middle| a_{ik} > 0\right\} = \dfrac{b_l}{a_{lk}}$，选 l 行对应的基变量 x_l 为换出变量。

（3）元素 a_{lk} 决定了从一个基可行解到另一个可行解的转移去向，取名为主元素。以 a_{lk} 为主元素进行旋转变换，用初等行变换方法将 a_{lk} 化为 1，k 列其他元素化为零（包括检验数行）得到新的可行基及基可行解，再判断是否得到最优解。

【例 2.11】用单纯形法求解：

$$\max Z = 2x_1 + 3x_2 + 4x_3$$

$$\text{s.t.}\begin{cases} x_1 - 2x_2 + 3x_3 \leqslant 3 \\ 2x_1 + 5x_2 - 3x_3 \leqslant 6 \\ -2x_1 + x_2 + x_3 \leqslant 3 \\ x_i \geqslant 0, \ i = 1,\ 2,\ 3 \end{cases}$$

【解】将线性规划化为标准型为

$$\max Z = 2x_1 + 3x_2 + 4x_3 + 0x_4 + 0x_5 + 0x_6$$

$$\text{s.t.}\begin{cases} x_1 - 2x_2 + 3x_3 + x_4 = 3 \\ 2x_1 + 5x_2 - 3x_3 + x_5 = 6 \\ -2x_1 + x_2 + x_3 + x_6 = 7 \\ x_i \geqslant 0, \ i = 1,\ 2,\ \cdots,\ 6 \end{cases}$$

则
$$A = \begin{bmatrix} 1 & -2 & 3 & 1 & 0 & 0 \\ 2 & 5 & -3 & 0 & 1 & 0 \\ -2 & 1 & 1 & 0 & 0 & 1 \end{bmatrix}_{3 \times 6} \quad b = \begin{bmatrix} 3 \\ 6 \\ 7 \end{bmatrix}$$

$$C = \begin{bmatrix} 2 & 3 & 4 & 0 & 0 & 0 \end{bmatrix} \quad X = \begin{bmatrix} x_1 & x_2 & x_3 & x_4 & x_5 & x_6 \end{bmatrix}^T$$

因此，可取初始基为 $B = \begin{bmatrix} 1 & 0 & 0 \\ 0 & 1 & 0 \\ 0 & 0 & 1 \end{bmatrix}$，则 x_4，x_5，x_6 为初始基变量，x_1，x_2，

x_3 为非基变量。令非基变量 $x_1 = x_2 = x_3 = 0$，得到初始基可行解，记为 $X^{(0)} = (0, 0, 0, 3, 6, 7)^T$，从目标函数的系数可以看出，此解不是最优解。列出初始单纯形表。

c_j			2	3	4	0	0	0	θ
c_B	X_B	b	x_1	x_2	x_3	x_4	x_5	x_3	
0	x_4	3	1	−2	3	1	0	0	1
0	x_5	6	2	5	−3	0	1	0	—
0	x_6	7	−2	1	1	0	0	1	7
	σ_j		2	3	(4)	0	0	0	

单纯形表的最上方一行，填写目标函数的行数，表的左边第一列和第二列，分别填写基变量对应的目标函数的系数和基变量，第三列为约束条件右端常数。

此表中，基变量为 x_4，x_5，x_6，因此，对应的检验数 σ_4，σ_5，$\sigma_6 = 0$。计算非基变量 x_1，x_2，x_3 的检验数：

$$\sigma_1 = c_1 - c_B B^{-1} P_1 = 2 - \begin{bmatrix} 0 & 0 & 0 \end{bmatrix} \cdot \begin{bmatrix} 1 & 0 & 0 \\ 0 & 1 & 0 \\ 0 & 0 & 1 \end{bmatrix}^{-1} \cdot \begin{bmatrix} 1 \\ 2 \\ -2 \end{bmatrix} = 2$$

$$\sigma_2 = c_2 - c_B B^{-1} P_2 = 3 - \begin{bmatrix} 0 & 0 & 0 \end{bmatrix} \cdot \begin{bmatrix} 1 & 0 & 0 \\ 0 & 1 & 0 \\ 0 & 0 & 1 \end{bmatrix}^{-1} \cdot \begin{bmatrix} -2 \\ 5 \\ 1 \end{bmatrix} = 3$$

$$\sigma_3 = c_3 - c_B B^{-1} P_3 = 4 - \begin{bmatrix} 0 & 0 & 0 \end{bmatrix} \cdot \begin{bmatrix} 1 & 0 & 0 \\ 0 & 1 & 0 \\ 0 & 0 & 1 \end{bmatrix}^{-1} \cdot \begin{bmatrix} 3 \\ -3 \\ 1 \end{bmatrix} = 4$$

由于检验数 σ_1，σ_2，σ_3 都大于零，并且 P_1，P_2，P_3 中都存在正的分量，故取 $\sigma_3 = \max\{\sigma_1, \sigma_2, \sigma_3\} = 4$ 所对应的变量 x_3 为换入变量。利用换入变量确定换出变量，即将换入变量 x_3 的系数列向量 P_3 中的正分量做为分母，对应的 b 列中

的值做为分子，则

$$\theta = \min\left\{\frac{b_i}{a_{ik}}\middle| a_{ik} > 0\right\} = \min\left\{\frac{b_1}{a_{13}}, \frac{b_2}{a_{23}}, \frac{b_3}{a_{33}}\middle| a_{i3} > 0\right\} = \min\left\{\frac{3}{3}, \quad -, \quad \frac{7}{1}\right\} = 1$$

　　将相除后得到的数字放在单纯形表最后一列，并以θ的最小值所在的行对应的变量x_4为换出变量。则x_3所在的列与x_4所在的行交叉的位置的数字3即为主元素。

　　下面以x_3为换入变量，x_4为换出变量，3为主元素列出新的单纯形表。新的单纯形表是在初始单纯形表的基础上改进的。首先，初始单纯形表的第一行不变。下面部分的第二列变成新的基变量x_3，x_5，x_6。因此第一列的系数变为$[4, 0, 0]$，由于x_3从非基变量变成基变量，故将x_3的系数列向量化成与换出变量x_4的相同的$[1, 0, 0]^{\mathrm{T}}$。即将主元素化为1，其他列向量化为0。具体运算过程与线性代数矩阵的运算过程相同。

$$\begin{bmatrix} 3 & 1 & -2 & 3 & 1 & 0 & 0 \\ 6 & 2 & 5 & -3 & 0 & 1 & 0 \\ 7 & -2 & 1 & 1 & 0 & 0 & 1 \end{bmatrix} \xrightarrow[\text{第一行同时除以3}]{\text{将主元素3化为1,}} \begin{bmatrix} 3 & 1/3 & -2/3 & 1 & 1/3 & 0 & 0 \\ 6 & 2 & 5 & -3 & 0 & 1 & 0 \\ 7 & -2 & 1 & 1 & 0 & 0 & 1 \end{bmatrix}$$

$$\xrightarrow[\substack{\text{用第一行乘以3和第二行求和} \\ \text{用第一行乘以}-1\text{和第三行求和}}]{\text{将}x_3\text{的另外两个系数化为0,}} \begin{bmatrix} 1 & 1/3 & -2/3 & 1 & 1/3 & 0 & 0 \\ 9 & 3 & 3 & 0 & 1 & 1 & 0 \\ 6 & -7/3 & 5/3 & 0 & -1/3 & 0 & 1 \end{bmatrix}$$

列出新的单纯形表

	c_j		2	3	4	0	0	0	θ
c_B	X_B	b	x_1	x_2	x_3	x_4	x_5	x_6	
4	x_3	1	1/3	−2/3	1	1/3	0	0	—
0	x_5	9	3	3	0	1	1	0	(3)
0	x_6	6	−7/3	5/3	0	−1/3	0	1	18/5
	σ_j		2/3	(17/3)	0	−4/3	0	0	

　　则基变量的检验数$\sigma_3 = \sigma_5 = \sigma_6 = 0$，非基变量的检验数：

$$\sigma_1 = c_1 - c_B \boldsymbol{B}^{-1} \boldsymbol{P}_1 = 2 - \begin{bmatrix} 4 & 0 & 0 \end{bmatrix} \cdot \begin{bmatrix} 1/3 \\ 3 \\ 7/3 \end{bmatrix} = 2/3$$

$$\sigma_2 = c_2 - c_B \boldsymbol{B}^{-1} \boldsymbol{P}_2 = 3 - \begin{bmatrix} 4 & 0 & 0 \end{bmatrix} \cdot \begin{bmatrix} -2/3 \\ 3 \\ 5/3 \end{bmatrix} = 17/3$$

$$\sigma_4 = c_4 - c_B B^{-1} P_4 = 0 - [4 \quad 0 \quad 0] \cdot \begin{bmatrix} 1/3 \\ 1 \\ -1/3 \end{bmatrix} = -4/3$$

由于 σ_1，$\sigma_2 \geq 0$，故目前的基可行解 $X^{(1)} = [0, 0, 1, 0, 9, 6]^T$，仍然不是最优解，又因为 P_1，P_2 中都含有正的分量，因此不是无界解。进行基变换，由于 $\sigma_2 > \sigma_1$，故 σ_2 对应的非基变量 x_2 作为换入变量。以 x_2 所对应的系数列向量为分母，b 所在的列向量为分子，有

$$\theta = \min\left\{\frac{b_i}{a_{ik}}\Big| a_{ik} > 0\right\} = \min\left\{-, \frac{9}{3}, \frac{6}{\frac{5}{3}}\right\} = 3$$

故选择 x_5 为换出变量，x_5 与 x_2 交叉处的元素 3 为主元素。重复上面的计算步骤，列出新的单纯形表。

c_B	X_B	b	2	3	4	0	0	0
	c_j		x_1	x_2	x_3	x_4	x_5	x_6
4	x_3	3	1	0	1	5/9	2/9	0
3	x_2	3	1	1	0	1/3	1/3	0
0	x_6	1	−4	0	0	−8/9	−5/9	1
	σ_j		−5	0	0	−29/9	−17/9	0

此时，非基变量的检验数 σ_1，σ_4，$\sigma_5 \leq 0$，故线性规划存在最优解 $X^* = [0, 3, 3, 0, 0, 1]^T$，对应的目标函数值 $Z^* = 2 \times 0 + 3 \times 3 + 4 \times 3 + 0 \times 0 + 0 \times 0 + 0 \times 1 = 21$。又因为非基变量检验数 σ_1，σ_4，σ_5 都小于 0，故此最优解是唯一最优解。

【例 2.12】 试用单纯形法求解下列线性规划问题：

$$\max Z = 2x_1 + 2x_2$$

$$\text{s.t.} \begin{cases} x_1 - x_2 \geq -1 \\ -\frac{1}{2}x_1 + x_2 \leq 2 \\ x_1 \geq 0, \ x_2 \geq 0 \end{cases}$$

【解】 引入松弛变量 x_3，x_4 化为标准型

$$\max Z = 2x_1 + 2x_2$$

$$\text{s.t.} \begin{cases} -x_1 + x_2 + x_3 = 1 \\ -\frac{1}{2}x_1 + x_2 + x_4 = 2 \\ x_j \geq 0, \ j = 1, \ 2, \ 3, \ 4 \end{cases}$$

列出单纯形表。

	c_j		2	2	0	0	θ
c_B	X_B	b	x_1	x_2	x_3	x_4	
0	x_3	1	−1	1	1	0	—
0	x_4	2	−1/2	1	0	1	—
	σ_j	0	2	2	0	0	—

因 $\sigma_1 = 2 > 0$，但 $\boldsymbol{P}_1 = \begin{pmatrix} -1 \\ -\dfrac{1}{2} \end{pmatrix} \leqslant 0$，所以原问题无最优解。

无最优解与无可行解是两个不同的概念。

无可行解是指原规划不存在可行解，从几何的角度解释是指线性规划问题的可行域为空集。

无最优解则是指线性规划问题存在可行解，但是可行解的目标函数达不到最优值，即目标函数在可行域内可以趋于无穷大（或者无穷小）。无最优解也称为有限最优解或无界解。

对于极小化的线性规划问题的处理：

（1）先化为标准型，即将极小化问题变换为极大化问题，然后利用单纯形法求解。

（2）直接利用单纯形法求解，但是检验是否最优的准则有所不同，即若某个基本解的所有非基变量对应的检验数 $\sigma_j \geqslant 0$ （而不是 $\leqslant 0$），则基可行解为最优解。

否则采用最大减少原则（而非最大增加原则）来确定换入变量，即若某个基本解的所有非基变量对应的检验数 $\sigma_j < 0$，则选取对应的非基变量 x_{m+k} 为换入变量。确定了换入变量以后，换出变量仍采用最小比值原则来确定。

2.7　单纯形法的进一步讨论

前面讨论了在标准型中系数矩阵有单位矩阵，很容易确定一组基可行解。在实际问题中有些模型并不含有单位矩阵，为了得到一组基向量和初始基本解，在约束条件的等式左端加一组虚拟变量，得到一组基变量。这种人为加的变量称为人工变量。

若约束方程组含有"≥"不等式，那么在化标准型时除了在方程式左端减去剩余变量，还必须在左端加上一个非负的人工变量。人工变量是在约束方程已为等式的基础上，人为加上去的一个新变量，因此加入人工变量后的约束方程组与原约束方程组是不等价的。

加上人工变量以后，线性规划的基可行解不一定是原线性规划的问题的基本解。只有当基可行解中所有人工变量都为取零值的非基变量时，该基可行解对原线性规划才有意义。因为此时只需去掉基可行解中的人工变量部分，剩余部分即为原线性规划的一个基本解，而这正是引入人工变量的主要目的。

【例2.13】 求解线性规划问题：

$$\min Z = 3x_1 + 5x_2 + 7x_3$$

$$\text{s.t.} \begin{cases} 2x_1 + 3x_2 + 2x_3 \leqslant 20 \\ 2x_1 - 2x_2 + x_3 \geqslant 8 \\ 4x_2 - x_3 = 8 \\ x_1, \ x_2, \ x_3 \geqslant 0 \end{cases}$$

【解】 先将问题化成标准型形式

$$\max Z = -3x_1 - 5x_2 - 7x_3$$

$$\text{s.t.} \begin{cases} 2x_1 + 3x_2 + 2x_3 + x_4 = 20 \\ 2x_1 - 2x_2 + x_3 - x_5 = 8 \\ 4x_2 - x_3 = 8 \\ x_1, \ x_2, \ x_3, \ x_4, \ x_5 \geqslant 0 \end{cases}$$

在标准型中，松弛变量 x_4 为基变量，但在另外两个等式中没有基变量，因此，分别在两个等式中引入人工变量 x_6，x_7，从而可得

$$\text{s.t.} \begin{cases} 2x_1 + 3x_2 + 2x_3 + x_4 = 20 \\ 2x_1 - 2x_2 + x_3 - x_5 + x_6 = 8 \\ 4x_2 - x_3 + x_7 = 8 \\ x_1, \ x_2, \ x_3, \ x_4, \ x_5, \ x_6, \ x_7 \geqslant 0 \end{cases}$$

这时可获得一个由基变量 x_4，x_6，x_7 得到的基可行解 $x_1 = x_2 = x_3 = x_5 = 0$，$x_4 = 20$，$x_6 = 8$，$x_7 = 8$。由于人工变量 x_6，x_7 的值大于 0，上述解并不是原问题的可行解，只有当 $x_6 = x_7 = 0$ 时，它的解才是原问题的可行解。因此需要把人工变量的值减少到 0。

也就是说，人工变量是人工加入的，与决策变量、松弛变量有本质区别。若线性规划有最优解，人工变量必定为0，以保持原约束条件不变。若经过基的变换，基变量中不再含有某个非零人工变量，则表示有可行解。若在最终表中当所有$\sigma_j \leqslant 0$，而在其中还有某个非零人工变量，则表示无可行解。为了使人工变量为0，就要使人工变量从基变量变为非基变量。为达到此目的，通常可采用两种途径：一为大M法，一为两阶段法。

2.7.1 大M法

大M法首先将线性规划问题化为标准型。如果约束方程组中包含一个单位矩阵I，那么已经得到了一个初始可行基。否则在约束方程组的左边加上若干个非负的人工变量，使人工变量对应的系数列向量与其他变量的系数列向量共同构成一个单位矩阵。以单位矩阵为初始基，即可求得一个初始的基可行解。

在一个线性规划问题的约束条件中加入人工变量后，要求人工变量对目标函数取值不受影响，为此假定人工变量在目标函数$\max Z$中的系数为$-M$（M为任意大的正数），若目标函数为$\min Z$，则人工变量在目标函数中系数为M，这样目标函数要实现最大化（最小化）时，应把人工变量从基变量换出，或者人工变量在基变量中，但取值为0。否则目标函数不可能实现最大化。即将目标函数变为

$$\max Z = \sum_{j=1}^{n} c_j x_j - M \sum_{i=1}^{m} x_{n+i}$$

由于M为任意大的正数，因为$-M\sum_{i=1}^{m} x_{n+i}$为负数，Z要达到极大化，x_{n+i}就会很快做为换出变量。

【例2.14】现有线性规划问题

$$\min Z = -3x_1 + x_2 + x_3$$

$$\text{s.t.} \begin{cases} x_1 - 2x_2 + x_3 \leqslant 11 \\ -4x_1 + x_2 + 2x_3 \geqslant 3 \\ -2x_1 + x_3 = 1 \\ x_1, \ x_2, \ x_3 \geqslant 0 \end{cases}$$

试用大M法求解。

【解】在上述问题的约束条件中加入松弛变量，剩余变量，人工变量，得到

$$\max Z = 3x_1 - x_2 - x_3 + 0x_4 + 0x_5 - Mx_6 - Mx_7$$

$$\text{s.t.} \begin{cases} x_1 - 2x_2 + x_3 + x_4 = 11 \\ -4x_1 + x_2 + 2x_3 - x_5 + x_6 = 3 \\ -2x_1 + x_3 + x_7 = 1 \\ x_1,\ x_2,\ x_3,\ x_4,\ x_5,\ x_6,\ x_7 \geq 0 \end{cases}$$

式中，x_4，x_5为松弛变量，x_4可以作为一个基变量，第二、三约束中分别加入人工变量x_6，x_7，目标函数中加入$-Mx_6 - Mx_7$，得到上面的标准型形式，再用单纯形法求解。

c_B	X_B	b	x_1	x_2	x_3	x_4	x_5	x_6	x_7	θ_i
	c_j		3	−1	−1	0	0	−M	−M	
0	x_4	11	1	−2	1	1	0	0	0	11
−M	x_6	3	−4	1	2	0	−1	1	0	3/2
−M	x_7	1	−2	0	[1]	0	0	0	1	1
	σ_j		3−6M	−1+M	(−1+3M)	0	−M	0	0	
0	x_4	10	3	−2	0	1	0		−1	
−M	x_6	1	0	[1]	0	0	−1	1	−2	1
−1	x_3	1	−2	0	1	0	0	0	1	
	σ_j		1	(−1+M)	0	0	−M	0	−3M+1	
0	x_4	12	[3]	0	0	1	−2	2	−5	
−1	x_2	1	0	1	0	0	−1	1	−2	4
−1	x_3	1	−2	0	1	0	0	0	1	
	σ_j		1	0	0	0	−1	−M+1	−M−1	
3	x_1	4	1	0	0	1/3	−2/3	2/3	−5/3	
−1	x_2	1	0	1	0	0	−1	1	−2	
−1	x_3	9	0	0	1	2/3	−4/3	4/3	−7/3	
	σ_j		0	0	0	−1/3	−1/3	−M+1/3	−M+2/3	

由于所有的非基变量的检验数都小于零，因此本例存在唯一最优解$X^* = (4, 1, 9, 0, 0, 0, 0)^T$，$Z'^* = 2$。但要将最大值化为最小值才为本例最优解，故$Z^* = -2$。

注意：① 在迭代过程中，人工变量一旦从基变量变为非基变量后不会再换入，所以当某个人工变量换出后，可以不再计算对应的系数列向量，以减

少工作量。

②在加入人工变量时，应加入最少的个数，不一定每个约束条件都加入人工变量，视情况而定。

这样，上面的单纯形表可以简化为

c_j			3	−1	−1	0	0	−M	−M	θ_i
c_B	X_B	b	x_1	x_2	x_3	x_4	x_5	x_6	x_7	
0	x_4	11	1	−2	1	1	0	0	0	11
−M	x_6	3	−4	1	2	0	−1	1	0	3/2
−M	x_7	1	−2	0	(1)	0	0	0	1	1
σ_j			3−6M	−1+M	(−1+3M)	0	−M	0	0	
0	x_4	10	3	−2	0	1	0	0		
−M	x_6	1	0	1	0	0	−1	1		
−1	x_3	1	−2	0	1	0	0	0		1
σ_j			1	(−1+M)	0	0	−M	0		
0	x_4	12	3	0	0	1	−2			
−1	x_2	1	0	1	0	0	−1			
−1	x_3	1	−2	0	1	0	0			
σ_j			(1)	0	0	0	−1			
3	x_1	4	1	0	0	1/3	−1/3			
−1	x_2	1	0	1	0	0	−1			
−1	x_3	9	0	0	1	2/3	−4/3			
σ_j			0	0	0	−1/3	−1/3			

第三、四张表中的基变量没有人工变量 x_6，x_7，因而检验数中不含 M，简化了计算。最优解仍为 $X^* = (4，1，9，0，0，0，0)^\mathrm{T}$。

2.7.2 两阶段法

两阶段法引入人工变量的目的和原则与大 M 法相同，不同的是处理人工变量的方法。

两阶段法的步骤如下：

第一阶段：不考虑原问题是否存在基可行解；给原线性规划问题加入人工变量，并构造仅含人工变量的目标函数。如

$$\max \omega = -x_{n+1} - \cdots - x_{n+m}$$

$$\text{s.t.} \begin{cases} a_{11}x_1 + \cdots + a_{1n}x_n + x_{n+1} = b_1 \\ a_{21}x_1 + \cdots + a_{2n}x_n + x_{n+2} = b_2 \\ \quad\quad\cdots\cdots\cdots\cdots \\ a_{m1}x_1 + \cdots + a_{mn}x_n + x_{n+m} = b_m \\ x_1, x_2, \cdots, x_{n+m} \geqslant 0 \end{cases}$$

然后用单纯形法求解上述模型，若得到 $\omega = 0$，则说明原问题存在基可行解，可以进行第二阶段计算。否则原问题无可行解，应停止计算。

第二阶段：将第一阶段计算得到的最终表，除去人工变量。将目标函数行的系数，换回原问题的目标函数系数，第二阶段计算方法及步骤与单纯形法相同。下面举例说明。

【例2.15】求解下述线性规划问题

$$\min Z = -3x_1 - 2x_2 + x_3$$

$$\text{s.t.} \begin{cases} -4x_1 + 3x_2 + x_3 \geqslant 4 \\ x_1 - x_2 + 2x_3 \leqslant 10 \\ -2x_1 + 2x_2 - x_3 = -1 \\ x_1, \ x_2, \ x_3 \geqslant 0 \end{cases}$$

试用两阶段法求解该线性规化问题。

【解】先在上述线性规划问题的约束方程中加入人工变量，给出第一阶段的数学模型：

$$\max \omega = -x_6 - x_7$$

$$\text{s.t.} \begin{cases} -4x_1 + 3x_2 + x_3 - x_4 + x_6 = 4 \\ x_1 - x_2 + 2x_3 + x_5 = 10 \\ 2x_1 - 2x_2 + x_3 + x_7 = 1 \\ x_1, x_2, \cdots, x_7 \geqslant 0 \end{cases}$$

用单纯形法求解：

c_B	X_B	b	0 x_1	0 x_2	0 x_3	0 x_4	0 x_5	-1 x_6	-1 x_7	θ_i
-1	x_6	4	-4	3	1	-1	0	1	0	4
0	x_5	10	1	-1	2	0	1	0	0	5
-1	x_7	1	2	-2	1	0	0	0	1	1
	σ_j		-2	1	(2)	-1	0	0	0	

续表

c_j			0	0	0	0	0	−1	−1	θ_i
c_B	X_B	b	x_1	x_2	x_3	x_4	x_5	x_6	x_7	
−1	x_6	3	−6	5	0	−1	0	1		3/5
0	x_5	8	−3	3	0	0	1	0		8/5
0	x_3	1	2	−2	1	0	0	0		
	σ_j		−6	(5)	0	−1	0	0		
0	x_2	3/5	−6/5	1	0	−1/5	0			
1	x_5	31/5	3/5	0	0	−3/5	1			
1	x_3	11/5	−2/5	0	1	−2/5	0			
	σ_j		0	0	0	0	0			

最优解为 $X = (0,\ 3/5,\ 11/5,\ 0,\ 31/5)^{\mathrm{T}}$，最优值 $\omega = 0$。第一阶段最优说明找到了原问题的一组基可行解，将它作为初始基可行解，求原问题的最优解，即第二阶段问题为

$$\max Z = 3x_1 + 2x_2 - x_3$$

$$\text{s.t.} \begin{cases} -6/5\,x_1 + x_2 - 1/5\,x_4 = 3/5 \\ 3/5\,x_1 + 3/5\,x_4 + x_5 = 31/5 \\ -2/5\,x_1 + x_3 - 2/5\,x_4 = 11/5 \\ x_j \geqslant 0,\ j = 1, \cdots, 5 \end{cases}$$

用单纯形法计算得

c_j			3	2	−1	0	0	θ_i
c_B	X_B	b	x_1	x_2	x_3	x_4	x_5	
2	x_2	3/5	−6/5	1	0	−1/5	0	
0	x_5	31/5	3/5	0	0	3/5	1	31/3
−1	x_3	11/5	−2/5	0	1	2/5	0	
	σ_j		(5)	0	0	0	0	
2	x_2	13	0	1	0	1	2	
3	x_1	31/3	1	0	0	1	5/3	
−1	x_3	19/3	0	0	1	0	2/3	
	σ_j		0	0	0	−5	−25/3	

故，原规则存在唯一最优解 $X = (31/3,\ 13,\ 19/3)^{\mathrm{T}}$，$Z = 152/3$。

注意：通过大 M 法或两阶段法求初始的基可行解。但是如果在大 M 法的

最优单纯形表的基变量中仍含有人工变量，或者两阶段法的辅助线性规划的目标函数的极小值大于零，那么该线性规划就不存在可行解。

人工变量的值不能取零，说明了原线性规划的数学模型的约束条件出现了相互矛盾的约束方程。此时线性规划问题的可行域为空集。

【例2.16】 用两阶段法求解。

$$\min Z = 5x_1 - 8x_2$$

$$\text{s.t.} \begin{cases} 3x_1 + x_2 \leqslant 6 \\ x_1 - 2x_2 \geqslant 4 \\ x_1, x_2 \geqslant 0 \end{cases}$$

【解】 构造第一阶段的问题

$$\max \omega = -x_5$$

$$\text{s.t.} \begin{cases} 3x_1 + x_2 + x_3 = 6 \\ x_1 - 2x_2 - x_4 + x_5 = 4 \\ x_j \geqslant 0, \ j = 1, 2, \cdots, 5 \end{cases}$$

用单纯形法计算得

c_B	X_B	b	c_j					θ_i
			0	0	0	0	−1	
			x_1	x_2	x_3	x_4	x_5	
0	x_3	6	3	1	1	0	0	2
−1	x_5	4	1	−2	0	−1	1	4
	σ_j		(1)	−2	0	−1	0	
0	x_1	2	1	1/3	1/3	0	0	
−1	x_5	2	0	−7/3	−1/3	−1	1	
	σ_j		0	−7/3	−1/3	−1	0	

得到第一阶段的最优解 $X = (2, 0, 0, 0, 2)^{\text{T}}$，最优值 $\omega = -2 \neq 0$，x_5 仍在基变量中且不为零，从而原问题无可行解。

2.7.3 退化

当线性规划问题的基本可行解中有一个或多个基变量取零值时，称此基本可行解为退化解。

产生的原因：在单纯形法计算中用最小比值原则确定换出变量时，有时存在两个或两个以上相同的最小比值 θ，那么在下次迭代中就会出现一个甚至多个基变量等于零。

遇到的问题：当某个基变量为零，且下次迭代以该基变量作为换出变量时，目标函数并不能因此得到任何改变（由旋转变换性质可知，任何一个换入变量只能仍取零值，其他基变量的取值保持不变）。通过基变换以后的前后两个退化的基本可行解的坐标形式完全相同。从几何角度来解释，这两个退化的基本可行解对应线性规划可行域的同一个顶点。

解决的办法：1974年由勃兰特（Bland）提出一种简便的规则，简称勃兰特规则：

（1）选取 $\sigma_j > 0$ 中下标最小的非基变量 x_k 为换入变量，即

$$k = \min\left(j \mid \sigma_j > 0\right)$$

（2）当按 θ 规则计算存在两个以上相同最小比值时，选取下标最小的基变量为换出变量。按勃兰特规则计算时，一定能避免出现循环。

【例2.17】求解下述线性规划问题。

$$\min Z = x_1 + 2x_2 + x_3$$

$$\text{s.t.}\begin{cases} x_1 - 2x_2 + 4x_3 = 4 \\ 4x_1 - 9x_2 + 14x_3 = 14 \\ x_1, \ x_2, \ x_3 \geqslant 0 \end{cases}$$

【解】引入人工变量 x_4，x_5，利用大 M 法求解：

$$\max Z = -x_1 - 2x_2 - x_3 - Mx_4 - Mx_5$$

$$\text{s.t.}\begin{cases} x_1 - 2x_2 + 4x_3 + x_4 = 4 \\ 4x_1 - 9x_2 + 14x_3 + x_5 = 14 \\ x_1, \ x_2, \ x_3 \geqslant 0 \end{cases}$$

用单纯形法计算得

c_B	X_B	b	-1 x_1	-2 x_2	-1 x_3	$-M$ x_4	$-M$ x_5	θ
$-M$	x_4	4	1	-2	4	1	0	（1）
$-M$	x_5	14	4	-9	14	0	1	1
	σ_j		$-1+5M$	$-2-11M$	$(-1+18M)$	0	0	
-1	x_3	1	1/4	$-1/2$	1	1/4	0	4
$-M$	x_5	0	1/2	-2	0	$-7/2$	1	（0）
	σ_j		$(-3/4+1/2M)$	$-3/2-2M$	0	$1/4-9/2M$	0	
-1	x_3	1	0	1/2	1	2	$-1/2$	
-1	x_1	0	1	-4	0	-7	2	
	σ_j		0	$-11/2$	0	$-5-M$	$3/2-M$	

第一次迭代中使用了退化原理，选择下标为4的基变量 x_4 为换出变量。可得最优解 $\boldsymbol{X}^* = (0, 0, 1)^T$，目标函数值 $Z^* = 4$。

2.8　单纯形法的矩阵描述

设有线性规划

$$\max Z = CX$$

$$\text{s.t.} \begin{cases} \boldsymbol{AX} = \boldsymbol{b} \\ \boldsymbol{X} \geqslant \boldsymbol{0} \end{cases}$$

其中 $\boldsymbol{A}$ 为 $m \times n$ 矩阵且 $\boldsymbol{A}$ 的秩为 m，$\boldsymbol{X} = (x_1, x_2, \cdots, x_n)^T$，$\boldsymbol{C} = (c_1, c_2, \cdots, c_n)$，$\boldsymbol{b} = (b_1, b_2, \cdots, b_m)^T$，$\boldsymbol{X} \geqslant \boldsymbol{0}$ 即 $x_j \geqslant 0$ $(j = 1, 2, \cdots, n)$。

不妨假设 $\boldsymbol{A} = (P_1, P_2, \cdots, P_n)$ 中前 m 个列向量构成一个可行基，记为 $\boldsymbol{B} = (P_1, P_2, \cdots, P_m)$。矩阵 $\boldsymbol{A}$ 的后 $n-m$ 列构成的矩阵记为 $\boldsymbol{N} = (P_{m+1}, P_{m+2}, \cdots, P_n)$，则 $\boldsymbol{A}$ 可以写成分块矩阵 $\boldsymbol{A} = (\boldsymbol{B}, \boldsymbol{N})$。对于基 $\boldsymbol{B}$ 的基变量为 $\boldsymbol{X}_B = (x_1, x_2, \cdots, x_m)^T$，非基变量为 $\boldsymbol{X}_N = (x_{m+1}, x_{m+2}, \cdots, x_n)^T$。则 $\boldsymbol{X}$ 可表示为 $\boldsymbol{X} = \begin{pmatrix} \boldsymbol{X}_B \\ \boldsymbol{X}_N \end{pmatrix}$，同时将 $\boldsymbol{C}$ 也分为两块 $(\boldsymbol{C}_B, \boldsymbol{C}_N)$，$\boldsymbol{C}_B$ 是目标函数中基变量 $\boldsymbol{X}_B$ 的系数行向量 $(c_1, c_2, \cdots, c_m)$；$\boldsymbol{C}_N$ 是目标函数中非基变量 $\boldsymbol{X}_N$ 的系数行向量 $\boldsymbol{C}_N = (c_{m+1}, c_{m+2}, \cdots, c_n)$。于是约束条件和目标函数可以写成

$$\boldsymbol{AX} = (\boldsymbol{B}, \boldsymbol{N}) \begin{pmatrix} \boldsymbol{X}_B \\ \boldsymbol{X}_N \end{pmatrix} = \boldsymbol{BX}_B + \boldsymbol{NX}_N = \boldsymbol{b}$$

$$\boldsymbol{CX} = (\boldsymbol{C}_B, \boldsymbol{C}_N) \begin{pmatrix} \boldsymbol{X}_B \\ \boldsymbol{X}_N \end{pmatrix} = \boldsymbol{C}_B \boldsymbol{X}_B + \boldsymbol{C}_N \boldsymbol{X}_N$$

这时可以将线性规划改写为

$$\max Z = \boldsymbol{C}_B \boldsymbol{X}_B + \boldsymbol{C}_N \boldsymbol{X}_N \tag{2.5}$$

$$\text{s.t.} \begin{cases} \boldsymbol{BX}_B + \boldsymbol{NX}_N = \boldsymbol{b} \\ \boldsymbol{X}_B, \boldsymbol{X}_N \geqslant \boldsymbol{0} \end{cases} \tag{2.6}$$

将式（2.6）移项后得到

$$\boldsymbol{BX}_B = \boldsymbol{b} - \boldsymbol{NX}_N \tag{2.7}$$

因为 $r(\boldsymbol{B}) = m(|\boldsymbol{B}| \neq 0)$ 所以 $\boldsymbol{B}^{-1}$ 存在，给式（2.6）左乘以 $\boldsymbol{B}^{-1}$ 后，得到

$$\boldsymbol{X}_B = \boldsymbol{B}^{-1} \boldsymbol{b} - \boldsymbol{B}^{-1} \boldsymbol{NX}_N \tag{2.8}$$

将式（2.8）代入目标函数式（2.5），得到

$$Z = C_B B^{-1} b + \left(C_N - C_B B^{-1} N \right) X_N \tag{2.9}$$

式中，$C_B B^{-1} b$ 为常数项，$C_N - C_B B^{-1} N$ 为非基变量 X_N 的系数向量，也是 X_N 的检验数。

令非基变量 $X_N = 0$，可以得到一个基可行解

$$X^{(1)} = \begin{pmatrix} B^{-1} b \\ 0 \end{pmatrix}$$

目标函数值

$$Z = C_B B^{-1} b$$

式（2.5）可用下面较简单的矩阵表格运算得到，将目标函数写成 $Z = C_B X_B + C_N X_N + 0 X_S$，其中 X_S 是松弛变量，约束条件写成 $B X_B + N X_N = b$，用表格表示为

C_B	X_B	b	X_B	X_N	X_S
C_B	X_B	b	B	N	I
	σ_j		C_B	C_N	0

为了求基解，将表中的 B 变成单位矩 I，用 B^{-1} 左乘表中第二行，得

C_B	X_B	b	X_B	X_N	X_S
C_B	X_B	$B^{-1} b$	$B^{-1} B = I$	$B^{-1} N$	B^{-1}
	σ_j		C_B	C_N	0

为了求检验数和目标值，将目标函数 C_B 化为零，用第二行左乘 $(-C_B)$ 后加到第三行，有

X_B	b	X_B	X_N	X_S
X_B	$B^{-1} b$	I	$B^{-1} N$	B^{-1}
σ_j	0		$C_N - C_B B^{-1} N$	$-C_B B^{-1}$

由此可见，单纯形法的实质是，按一定的规则，对由 A，b，C 和目标 Z 组成的矩阵进行的初等变换。此外可见在初等单位矩阵的位置，在各个运算表中就是 B^{-1} 所在位置。

【例2.18】已知线性规划问题

$$\max Z = -x_1 + x_2 - x_3 + 3x_5$$

$$\text{s.t.} \begin{cases} x_2 + x_3 - x_4 + 2x_5 = 6 \\ x_1 + 2x_2 - 2x_4 = 5 \\ 2x_2 + x_4 + 3x_5 + x_6 = 8 \\ x_1,\ x_2,\ \cdots,\ x_6 \geqslant 0 \end{cases}$$

的某个单纯形法表如下,请将表中空白处填上数字,并判断是否是最优表。

C_B	X_B	b	x_1	x_2	x_3	x_4	x_5	x_6
	x_3	1/6						−2/3
	x_2	1/2						0
	x_5	−1/3						1/3
	σ_j							

【解】根据原线性规划问题,首先列出初始单纯形表如下

C_B	X_B	b	x_1	x_2	x_3	x_4	x_5	x_6
−1	x_3	6	0	1	1	−1	2	0
−1	x_1	5	1	2	0	−2	0	0
0	x_6	8	0	2	0	1	3	1
	σ_j		0	4	0	−3	5	0

故此单纯形表不是最优表,下面可以依照单纯形法的计算步骤继续进行,直到求得相应表格为止。但这样做较烦琐,下面我们利用矩阵的关系分析一下。从前面的分析知道,在初始单纯形表中的 $(\boldsymbol{B}, \boldsymbol{N})$ 矩阵最后会化为矩阵 $(\boldsymbol{I}, \boldsymbol{B}^{-1}\boldsymbol{N})$。由于给定基变量为 x_3,x_2,x_5,因此表格中 x_3,x_2,x_5 的列

向量分别为 $\begin{pmatrix} 1 \\ 0 \\ 0 \end{pmatrix}$,$\begin{pmatrix} 0 \\ 1 \\ 0 \end{pmatrix}$,$\begin{pmatrix} 0 \\ 0 \\ 1 \end{pmatrix}$。

因此,

$$\begin{array}{cc} \begin{array}{ccc} x_3 & x_2 & x_5 \end{array} & \begin{array}{ccc} x_3 & x_1 & x_6 \end{array} \\ \boldsymbol{B} = \begin{bmatrix} 1 & 1 & 2 \\ 0 & 2 & 0 \\ 0 & 2 & 3 \end{bmatrix}\begin{bmatrix} 1 & 1 & 2 \\ 0 & 2 & 0 \\ 0 & 2 & 3 \end{bmatrix} & \boldsymbol{N} = \begin{bmatrix} 1 & 0 & 0 \\ 0 & 1 & 0 \\ 0 & 0 & 1 \end{bmatrix}\begin{bmatrix} 1 & 0 & 0 \\ 0 & 1 & 0 \\ 0 & 0 & 1 \end{bmatrix} \\ \Downarrow & \Downarrow \\ \boldsymbol{I} = \begin{bmatrix} 1 & 0 & 0 \\ 0 & 1 & 0 \\ 0 & 0 & 1 \end{bmatrix}\begin{bmatrix} 1 & 0 & 0 \\ 0 & 1 & 0 \\ 0 & 0 & 1 \end{bmatrix} & \boldsymbol{B}^{-1}\boldsymbol{N} = \begin{bmatrix} 1 & 1/6 & -2/3 \\ 0 & 1/2 & 0 \\ 0 & -1/3 & 1/3 \end{bmatrix} \end{array}$$

由于 $\boldsymbol{N}$ 是单位矩阵,故 $\boldsymbol{B}^{-1} = \begin{bmatrix} 1 & 1/6 & -2/3 \\ 0 & 1/2 & 0 \\ 0 & -1/3 & 1/3 \end{bmatrix}$

那么 x_4 的系数列向量为

$$B^{-1}P_4 = \begin{bmatrix} 1 & 1/6 & -2/3 \\ 0 & 1/2 & 0 \\ 0 & -1/3 & 1/3 \end{bmatrix} \begin{pmatrix} -1 \\ -2 \\ 1 \end{pmatrix} = \begin{pmatrix} -2 \\ -1 \\ 1 \end{pmatrix}$$

常数项为

$$B^{-1}b = \begin{bmatrix} 1 & 1/6 & -2/3 \\ 0 & 1/2 & 0 \\ 0 & -1/3 & 1/3 \end{bmatrix} \begin{pmatrix} 6 \\ 5 \\ 8 \end{pmatrix} = \begin{pmatrix} 3/2 \\ 5/2 \\ 1 \end{pmatrix}$$

因此，单纯形表为

C_B	X_B	b	x_1	x_2	x_3	x_4	x_5	x_6
-1	x_3	$3/2$	$1/6$	0	1	-2	0	$-2/3$
-1	x_2	$5/2$	$1/2$	1	0	-1	0	0
3	x_5	1	$-1/3$	0	0	1	1	$1/3$
	σ_j		$-1/3$	0	0	-4	0	$-5/3$

由于 $\sigma_j \leq 0$，故此表为最优表，最优解为 $X^* = (0, 5/2, 3/2, 0, 1)^{\mathrm{T}}$，$Z^* = 5$。

本章小结

对给定的线性规划问题应首先化为标准型形式，选取或构造一个单位矩阵作为基，求出初始基可行解并列出初始单纯形表。对各种类型的线性规划问题如何化为标准型形式可参见表2.2。表中 x_{si} 为松弛变量（或剩余变量），x_{ai} 为人工变量。

表 2.2　线性规化标准型

变量	$x_j \geq 0$		不需要处理
	$x_j \leq 0$		令 $x_j' = -x_j$；$x_j' \geq 0$
	x_j 无约束		令 $x_j = x_j' - x_j''$；x_i'，$x_i'' \geq 0$
约束条件	$b \geq 0$		不需要处理
	$b < 0$		约束条件两端同乘-1
	$\leq$		加松弛变量 x_{si}
	$=$		加人工变量 x_{ai}
	$\geq$		减去松弛变量 x_{si}，加人工变量 x_{ai}
目标函数	$\max Z$	松弛变量	不需要处理
	$\min Z$	x_{si}	令 $Z' = -Z$，求 $\max Z'$
	加入变量的系数	人工变量	0
		x_{ai}	$-M$

思考题

（1）某工厂生产甲、乙、丙、丁，戊五种产品，每种产品都需要使用 A，B 两种材料，每件产品在生产中需要使用的材料数目，每件产品获得的利润及两种资源可利用的数目如下表所示：

材料	产品					
	甲	乙	丙	丁	戊	资源限量
A	2	2	5	4	1	24
B	3	3	4	5	2	27
单位产品利润	15	15	30	28	10	—

试拟定获得最大利润的生产计划方案。（只要求建立线性规划模型）

（2）用图解法求解下列线性规划问题，并指出问题具有唯一最优解、无穷最优解、无界解还是无可行解。

(a) $\min Z = 2x_1 + 3x_2$

$$\text{s.t.}\begin{cases} 4x_1 + 6x_2 \geqslant 6 \\ 4x_1 + 2x_2 \geqslant 4 \\ x_1, \ x_2 \geqslant 0 \end{cases}$$

(b) $\max Z = 3x_1 + 2x_2$

$$\text{s.t.}\begin{cases} 2x_1 + x_2 \leqslant 2 \\ 3x_1 + 4x_2 \geqslant 12 \\ x_1, \ x_2 \geqslant 0 \end{cases}$$

(c) $\max Z = x_1 + x_2$

$$\text{s.t.}\begin{cases} 6x_1 + 10x_2 \leqslant 120 \\ 5 \leqslant x_1 \leqslant 10 \\ 3 \leqslant x_2 \leqslant 8 \end{cases}$$

(d) $\max Z = 5x_1 + 6x_2$

$$\text{s.t.}\begin{cases} 2x_1 - x_2 \geqslant 2 \\ -2x_1 + 3x_2 \leqslant 2 \\ x_1, \ x_2 \geqslant 0 \end{cases}$$

（3）将下列线性规划问题化为标准型形式。

$$\min Z = -4x_1 + x_2 - 2x_3$$

$$\text{s.t.}\begin{cases} 4x_1 - x_2 + 2x_3 \leqslant 8 \\ 2x_1 + x_2 + 3x_3 \geqslant 4 \\ -3x_1 + x_2 - x_3 = -6 \\ x_1 \geqslant 0, \ x_2 \text{无约束}, \ x_3 \leqslant 0 \end{cases}$$

$$\min Z = -2x_1 + 3x_2 - 4x_3 + x_4$$

$$\text{s.t.}\begin{cases} x_1 + x_2 + 3x_3 + 2x_4 \leqslant 6 \\ -2x_1 + 3x_2 - x_3 - 2x_4 \geqslant -4 \\ x_1 + 2x_2 - x_3 + x_4 = 9 \\ x_1 \geqslant 0, \ x_2 \geqslant 0, \ x_3, \ x_4 \text{无符号约束} \end{cases}$$

（4）已知线性规划问题如下。

$$\max Z = 6x_1 + 5x_2 + 2x_3$$

$$\text{s.t.}\begin{cases} 2x_1 + x_2 + 2x_3 + x_4 = 5 \\ x_1 + 4x_2 + 3x_3 + x_5 = 6 \\ -x_1 + 2x_2 + 3x_3 + x_6 = 8 \\ x_1,\ x_2,\ x_3,\ x_4,\ x_5,\ x_6 \geqslant 0 \end{cases}$$

基 $\boldsymbol{B} = (P_2,\ P_3,\ P_6)$ 对应的单纯形表如下所示。

C_B	X_B	b	6	5	2	0	0	0
			x_1	x_2	x_3	x_4	x_5	x_6
	x_2					3	−1	
	x_3					−2	3	
	x_6					4	−4	
	检验数							

① 对于上表对应的基 $\boldsymbol{B}$，求 $\boldsymbol{B}^{-1}$

② 将表上空白处填上数字，完成以上单纯形表。

③ 判定表中给出的解是否为最优解。

（5）已知线性规划问题如下。

$$\max Z = 2x_1 + 6x_2 + 8x_3$$

$$\text{s.t.}\begin{cases} 4x_1 + 4x_2 + 5x_3 + x_4 = 6 \\ 2x_1 + 8x_2 - 6x_3 + x_5 = 10 \\ 4x_1 + 6x_2 + 2x_3 + x_6 = 12 \\ x_1,\ x_2,\ x_3,\ x_4,\ x_5,\ x_6 \geqslant 0 \end{cases}$$

基 $\boldsymbol{B} = (P_1,\ P_5,\ P_6)$ 对应的单纯形表如下所示。

C_B	X_B	b	2	6	8	0	0	0
			x_1	x_2	x_3	x_4	x_5	x_6
2	x_1					1	0	
0	x_5					−1	1	
0	x_6					−2	0	
	检验数							

① 对于上表对应的基 $\boldsymbol{B}$，求 $\boldsymbol{B}^{-1}$。

② 将表上空白处填上数字，完成以上单纯形表。

③ 判定表中给出的解是否为最优解。

第3章　风险型决策分析

3.1　引言

对于存在两个或者两个以上自然状态的决策问题，每个行动方案对应着多个不同的结果，即每个行动方案的结果值是一个随机变量，它们的概率分布可能是已知的，也可能是未知的。根据行动方案结果值的概率分布能否估值，可将决策问题划分为不确定型决策和风险型决策两种。风险型决策的主要特点是状态发生的不确定性，这种不确定性不能通过相同条件下的大量重复实验来确定其概率分布，因而往往只能依据"过去的信息或经验"由决策者估计。因此，在依据不同概率所拟定的多个决策方案中，不论选择哪一种方案，决策者都要承担一定的风险。本章主要讨论风险型决策问题的集中解决方法。

3.2　风险型决策内涵及期望值准则

3.2.1　风险型决策内涵

风险型决策，也称为统计型决策或随机型决策。在风险型决策中，决策者不能肯定将出现何种状态，但各种状态出现的可能性（概率）是可以事前估计或计算的。决策者根据各种状态出现的概率，按有关准则进行决策的方法称为风险决策。在风险型决策过程中常常采用损益矩阵来进行决策。常用的风险型决策方法有最大可能性准则、期望值准则、决策树法等。

风险型决策问题的基本模式为：

$$W_{ij} = f(A_i, \ \theta_j), \ i = 1, \ 2, \ \cdots, \ n; \ j = 1, \ 2, \ \cdots, \ n \tag{3.1}$$

式中，A_i 是决策者的第 i 种方案，属于决策变量，是决策者的可控因素；θ_j

是决策者和决策对象（决策问题）所处的第 j 种环境条件或第 j 种自然状态，属于状态变量，是决策者不可控制的因素；W_{ij} 是决策者在第 j 种状态下选择第 i 种方案的结果，是决策问题的价值函数值，一般叫益损值、效用值。

3.2.2　期望值准则

人是决策的主体。在风险条件下决策行为取决于决策者的风险态度，对同一风险决策问题，风险态度不同的人决策的结果通常有较大差异。典型的风险态度有三种表现形式：风险厌恶、风险中性和风险偏爱。与风险态度相对应，风险决策人的决策准则有满意度准则、期望值准则、最小方差准则。① 满意度准则。在工程实践中由于决策人收集资料的有限性和时空的限制，既不可能找到一切方案，也不可能比较一切方案，并非人们不喜欢"最优"，而是取得"最优"的代价太高。因此，最优准则只存在于纯粹的逻辑推理中。在实践中只能遵循满意度准则进行决策。满意度准则既可以是决策人想要达到的收益水平，也可以是决策人想要避免的损失水平，因此它对风险厌恶和风险偏爱决策人都适用。当选择最优方案花费过高或在没有得到其他方案的有关资料之前就必须决策的情况下应采用满意度准则进行决策。② 期望值准则。期望值准则是根据各备选方案指标损益值的期望值大小进行决策，如果指标为越大越好的损益值，则应选择期望值最大的方案；如果指标为越小越好的损益值，则选择期望值最小的方案。由于不考虑方案的风险，实际上隐含了风险中性的假设。因此，该准则对决策者风险态度为中性时更为适用。③ 最小方差准则。一般而言，方案指标值的方差越大则方案的风险就越大。所以，风险厌恶型的决策人有时倾向于用这一准则选择风险较小的方案。这是一种避免最大损失而不是追求最大收益的准则，具有过于保守的特点。

风险型决策分析最主要的决策准则是期望值准则。

（1）期望值准则的基本原理。

所谓期望值准则是应用概率论中离散随机变量的数学期望，把每个决策方案的期望值求出来，加以比较，根据不同的决策目标选择决策方案。根据决策目标不同，期望值准则又分为最大期望收益决策准则和最小机会损失决策准则。如果决策目标是收益最大，则采用最大期望收益决策准则；如果决策目标是使损失最小，则应采取最小机会损失决策准则。

（2）期望值准则决策步骤。

第一步：计算各决策方案的损益期望。

$$E(s_i) = \sum_{j=1}^{n} P_j C_{ij}, \quad i = 1, 2, \cdots, m \tag{3.2}$$

式中，P_j 是状态 j 出现的概率。

第二步：根据决策目标选取最优方案。

$$S^* = \max\{E(s_i)\} \text{ 或 } S^* = \min\{E(s_i)\}$$

期望值法就是利用上述公式算出每个行动方案的益损期望值并加以比较。若采用的决策目标（准则）是期望收益最大，则选择收益期望值最大的行动方案为最优方案；若采用的决策目标是期望费用最少，则选择费用期望值最小的方案为最优方案。

【例3.1】某企业要投资一种新产品，需要对投资规模作决策。

设投资方案有三种，即决策空间有三个变量，$S = \{S_1, S_2, S_3\}$。S_1 为投资300万元，作大规模生产；S_2 为投资200万元，作中等规模生产；S_3 为投资100万元，作小批量生产。

未来的经济形势可能有三种情况，即状态空间有三个变量，$D = \{D_1, D_2, D_3\}$。D_1 为经济形势很好；D_2 为经济形势一般；D_3 为经济形势很差。

经估计，各个方案在三种可能经济形势下的年利润如表3.1所示。

表3.1　各个方案的年利润　　　　　　　　　　单位：万元

	D_1	D_2	D_3
S_1	60	0	−40
S_2	30	10	10
S_3	10	0	−5

【解】这是一个面临三种自然状态和三种行动方案的风险型决策分析问题，现运用期望值法求解如下：

根据表中所列各种自然状态的概率和不同行动方案的益损值，可用公式

$$E(s_i) = \sum_{j=1}^{n} P_j C_{ij}, \quad i = 1, 2, \cdots, m$$

算出每种行动方案的损益期望值分别为

方案 S_1：$E(S_1) = 0.5 \times 60$ 万元 $+ 0.3 \times 0$ 万元 $+ 0.2 \times (-40)$ 万元 $= 22$ 万元

方案 S_2：$E(S_2) = 0.5 \times 30$ 万元 $+ 0.3 \times 10$ 万元 $+ 0.2 \times 10$ 万元 $= 20$ 万元

方案 S_3：$E(S_3) = 0.5 \times 10$ 万元 $+ 0.3 \times 0$ 万元 $+ 0.2 \times (-5)$ 万元 $= 4$ 万元

各决策的损益期望值见表3.2。

表3.2　各决策的损益期望值

	自然状态（经济形势）			
	D_1（好）	D_2（一般）	D_3（差）	$E(s_i)$
	$P(D_1) = 0.5$	$P(D_2) = 0.3$	$P(D_3) = 0.2$	
S_1	60	0	−40	22
S_2	30	10	10	20
S_3	10	0	−5	4

通过比较各决策的损益期望值可知 $E(S_1) = 22$ 最大，所以采取决策方案 S_1，也就是作大规模生产，可能获得的效益最大。同理，如果决策目标是使损失最小，则应取期望值最小的决策方案。期望值准则利用了统计规律，比凭直观感觉或主观想象进行决策要合理得多，是一种有效的决策准则，适用于一次决策多次重复进行生产的情况。

3.3　基于期望值准则的决策树

期望值法是进行单项决策的一种方法，即整个决策过程只作一次决策就得到结果。但一般来讲，管理活动是序贯决策，即整个决策过程由一系列决策组成。对于序贯决策，期望值准则就无能为力了。描述序贯决策的有力工具是决策树，决策树法是对决策局面的一种图解，可以使决策问题形象化。决策树的基本结构如图3.1所示。

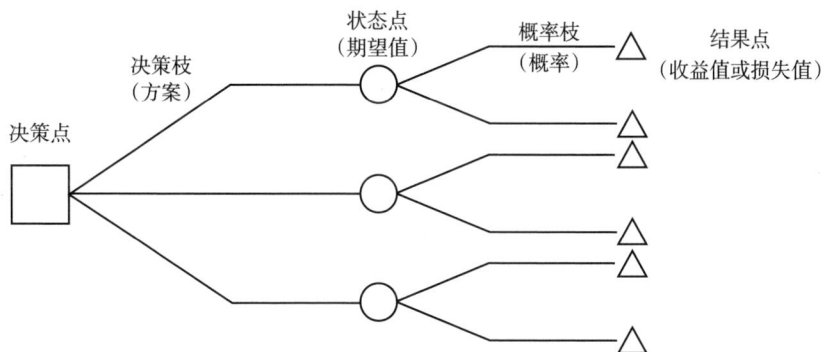

图3.1　决策树的基本结构

□为决策点，表明要对由它引出的方案进行分析和决策。由决策点引出的分枝称为决策枝，决策枝的数量与方案个数相同。

○为状态点，表明方案节点，其上方数字表示该方案的效益期望值。由状态点引出的分枝称为概率枝。在每一分枝上注明自然状态及其出现的概率。概率枝的数量与自然状态的数量相同。

△为结果点，表明不同的方案在相应的自然状态下所取得的收益或损失，其旁边标注上收益值或损失值。

决策树通常有多条树枝，根据问题的层次，画时由左至右，由粗而细构成一个树形图。

决策树法采用逆决策顺序方法求解，由右至左进行计算。首先，根据最右面的收益（或损失）值和概率枝上的概率计算出各个决策方案的期望值，并标于状态点上。其次，比较各方案期望值的大小，根据决策目标选择期望值最大（或最小）的方案，舍弃其余方案。舍弃时，在对应决策枝上标以两平行的剪枝符号。最后决策点上方的数字就是最优方案的期望值。

【例3.2】某公司为满足市场需求，有两种生产方案A_1，A_2可供选择，而面临的市场状态有畅销θ_1和滞销θ_2两种。畅销的可能性为0.7，滞销的可能性为0.3，这两种生产方案的经济效益如表3.3所示。请问，该公司的管理者应如何选择生产决策。

表3.3 收益情况表   单位：万元

θ	θ_1	θ_2
$P(\theta_j)$	0.7	0.3
A_1	100	−20
A_2	40	10

【解】决策分析步骤：

（1）绘制决策树（见图3.2）。

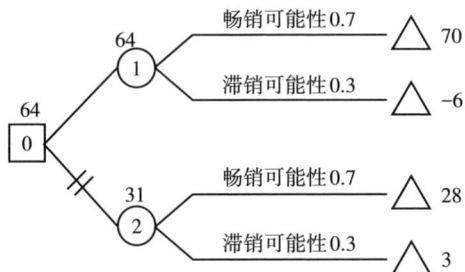

图3.2 决策树（1）

（2）计算各方案的期望收益值。

节点1：$E1 = 0.7 \times 100 + 0.3 \times (-20) = 64$ （万元）

节点2：$E2 = 0.7 \times 40 + 0.3 \times 10 = 31$ （万元）

将以上计算结果，填入决策树的相应节点1，2处上方，表示两个方案分别可获得的期望收益值。

（3）剪枝决策。

通过对两个方案的最终期望收益值进行比较可知，生产方案A_1优于生产方案A_2。因此，最佳生产方案应选A_1。在决策树上应剪去A_2部分生产方案枝，保留A_1生产方案枝。

多阶段决策是指一个决策问题中包含两个或者两个以上层次的决策，即决策树图中含有两个或者两个以上的决策点。只有当低一层次的决策方案确定之后，高一层次的决策方案才能确定。

【例3.3】多阶段决策分析。

某化工原料厂由于某项工艺不好，影响效益，现厂方欲改革工艺，可自行研究（成功概率为0.6），或购买专利（成功概率为0.8）。若成功，则有两种生产方案可选，一是产量不变，二是增产；若失败，则按原方案生产，有关数据如表3.4所示，试求最优方案。

表3.4　工艺改革收益表 单位：万元

	按工艺方案生产	购买专利（成功概率0.8）		自行研究（成功概率0.6）	
		产量不变	增产	产量不变	增产
低价可能性0.1	−100	−200	−300	−200	−300
中价可能性0.5	0	50	50	0	−250
高价可能性0.4	100	150	250	200	600

【解】决策分析步骤：

（1）根据问题，绘制决策树，如图3.3所示。

（2）计算各节点及决策点处的期望收益值。从右向左，计算每个节点处的期望收益值，并将计算结果填入图3.3的相应各节点上方。

节点7：$-200 \times 0.1 + 50 \times 0.5 + 150 \times 0.4 = 65$ （万元）

节点8：$-300 \times 0.1 + 50 \times 0.5 + 250 \times 0.4 = 95$ （万元）

对于决策点3来说，由于按原产量生产可获利65万元，而增产的话可获利95万元。因此，应选择增产，在决策点3处可获利95万元，将原产枝剪掉。

节点9：$-200 \times 0.1 + 0 \times 0.5 + 200 \times 0.4 = 60$（万元）

节点10：$-300 \times 0.1 - 250 \times 0.5 + 600 \times 0.4 = 85$（万元）

对于决策点6来说，由于按原产量生产可获利60万元，而增产的话可获利85万元。因此，应选择增产，在决策点6处可获利85万元，将原产枝剪掉。

所以有

决策点3：95万元

节点4：$-100 \times 0.1 + 0 \times 0.5 + 100 \times 0.4 = 30$（万元）

节点5：$-100 \times 0.1 + 0 \times 0.5 + 100 \times 0.4 = 30$（万元）

决策点6：85万元

节点1：$95 \times 0.8 + 30 \times 0.2 = 82$（万元）

节点2：$30 \times 0.4 + 85 \times 0.6 = 63$（万元）

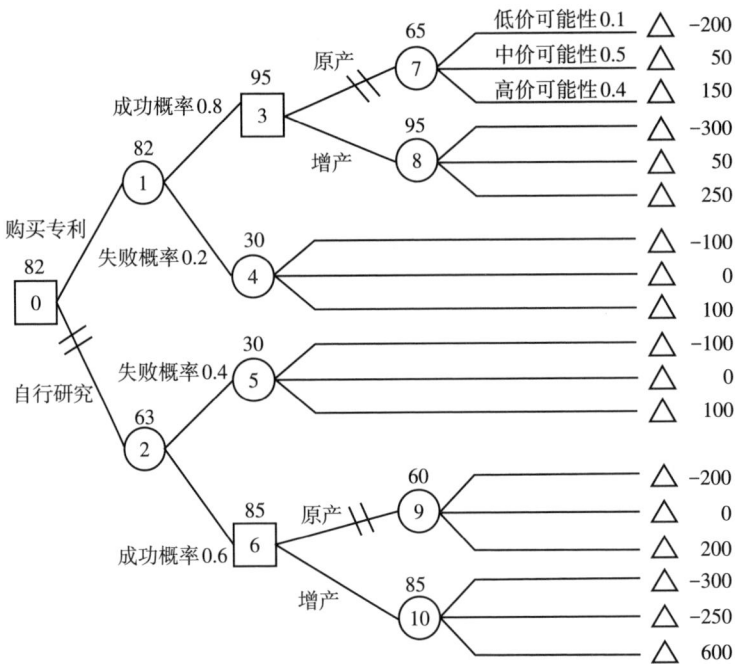

图3.3 决策树(2)

（3）剪枝决策。比较两个方案可以看出，购买专利获利的期望值为82万元，而自行研究获利的期望值为63万元。因此，应选择购买专利方案，对另一方案进行剪枝。

【例3.4】某企业欲以新工艺代替旧工艺，取得新工艺的途径有两种：自行研究和购买专利。自行研究成功的概率是0.6，购买专利成功的概率是0.8。采取新工艺后将考虑两种生产方案：一是产量不变，二是增加产量。如果自行研究或购买专利失败，则仍采用旧工艺，保持原产量不变。据市场预测，未来产品涨价、价格不变和跌价的可能性分别为0.4，0.5和0.1，各个决策方案在不同价格情况下的损益值如表3.5所示。

表3.5　各个决策方案不同价格情况下的损益值　　　　单位：万元

项目		涨价（可能性0.4）	价格不变（可能性0.5）	跌价（可能性0.1）
按原工艺生产		100	0	−100
购买专利（成功概率0.8）	产量不变	150	50	−200
	产量增加	250	50	−300
自行研究（成功概率0.6）	产量不变	200	0	−200
	产量增加	600	−250	−300

第一步：画出决策树，如图3.4所示。

第二步：计算各节点的损益期望值。

节点4：$0.1 \times (-100) + 0.5 \times 0 + 0.4 \times 100 = 30$（万元）

节点8：$0.1 \times (-200) + 0.5 \times 50 + 0.4 \times 150 = 65$（万元）

节点9：$0.1 \times (-300) + 0.5 \times 50 + 0.4 \times 250 = 95$（万元）

节点10：$0.1 \times (-200) + 0.5 \times 0 + 0.4 \times 200 = 60$（万元）

节点11：$0.1 \times (-300) + 0.5 \times (-250) + 0.4 \times 600 = 85$（万元）

节点7：$0.1 \times (-100) + 0.5 \times 0 + 0.4 \times 100 = 30$（万元）

在决策点5，因为95（万元）>65（万元），因此应划掉产量不变的方案，并将节点9期望值转移到决策点5。

同理，把节点11的期望值转移到决策点6。

节点2：$0.2 \times 30 + 0.8 \times 95 = 82$（万元）

节点3：$0.6 \times 85 + 0.4 \times 30 = 63$（万元）

第三步：确定方案。节点2与节点3比较，节点2的期望值大，因此合理的决策应该是购买专利。

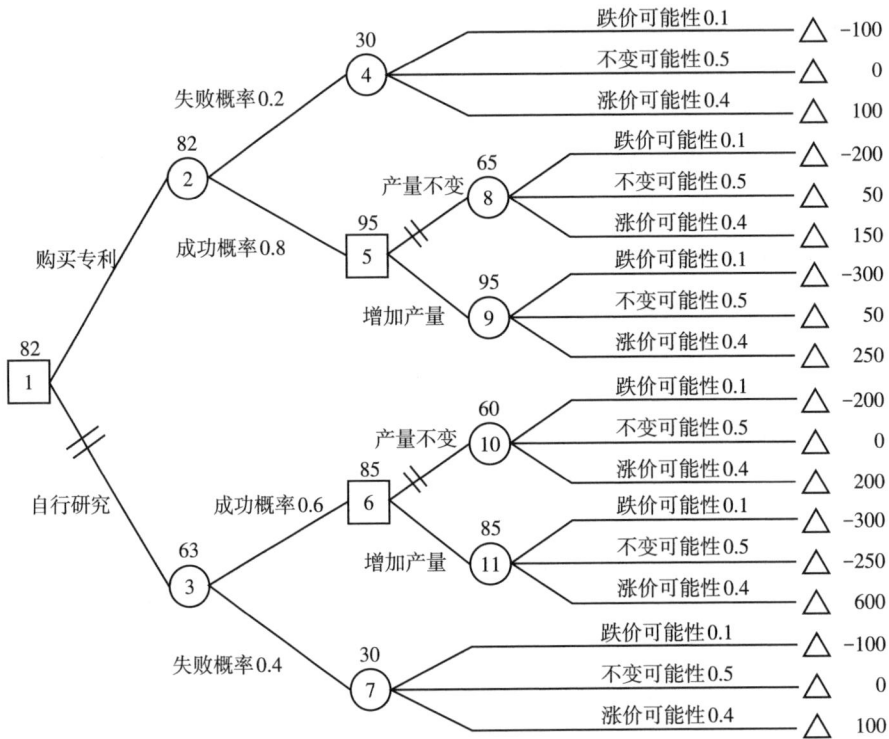

图3.4 决策树(3)

3.4 基于期望值准则的贝叶斯决策

3.4.1 先验概率

概率是事件发生可能性的客观度量。但在很多实际问题中，对事件发生的可能性缺乏客观的统计资料，这时决策者只能依据有限资料或所谓先验的信息，凭自己的经验进行估计。由这种估计得到的事件的发生概率称为先验概率（prior probability）。由于先验概率是一种主观的估计和选择，所以先验概率也称为主观概率（subjective probability）。

3.4.2 贝叶斯公式和后验概率

所谓贝叶斯决策是贝叶斯公式在决策中的应用。贝叶斯公式是由英国数学家贝叶斯提出的。

为了提高先验概率的精确性，可以对决策系统进行一次实验或者调查，并根据实验或者调查的结果来修改先验概率，以便在计算新的各个相关收益期望值时，可以把新的信息体现在模型中。这些新的概率分布称为后验概率（posterior probability）。

决策者常常碰到的问题是没有掌握充分的信息，于是决策者通过调查及做实验等途径去获得更多的更确切的信息，以掌握各事件发生的概率。这可以利用贝叶斯公式来实现，它体现了最大限度地利用现有信息，并加以连续观察和重新估计。具体分为以下两个步骤：

（1）先由过去的经验或专家估计获得将发生事件的事前（先验）概率。

（2）根据调查或实验计算得到条件概率，利用贝叶斯公式：

$$P(A_i|B) = \frac{P(A_i)P(B|A_i)}{\sum P(A_i)P(B|A_i)} \quad (i = 1, 2, \cdots, n)$$

计算出各事件的事后（后验）概率。

上式中，$P(A_i)$ 是先验概率，$P(B|A_i)$ 是由样本获取的信息，$P(A_i|B)$ 则是先验概率经样本信息修正后得到的后验概率。当然对后验概率如果继续抽取样本并根据新的信息再次修正，则原有的后验概率当作先验概率，而再次修正后的概率成了后验概率。

用一个简单的例子解释。假设有两个外观完全相同的盒子，盒的内壁分别标记 A_1 和 A_2，盒 A_1 内有8个白球2个黑球，盒 A_2 内有8个黑球2个白球，任取一个盒子猜此盒是 A_1 还是 A_2。因两个盒子外观完全相同，所以只能判定 A_1 和 A_2 的机会相等，有 $P(A_1) = P(A_2) = 0.5$，这就是先验概率。若让你从指定的盒子中随机摸出一个球，当摸到的为黑球时，你会倾向于该盒子是 A_2，摸到白球时，会倾向于该盒子是 A_1。这是因为将 B 当作摸到黑球的事件，则有 $P(B|A_1) = 0.2$，$P(B|A_2) = 0.8$，这是样本提供的信息。当摸球后再判定盒子是 A_1 或 A_2，即求后验概率 $P(A_1|B)$ 和 $P(A_2|B)$。由贝叶斯公式可计算得到 $P(A_1|B) = 0.2$，$P(A_2|B) = 0.8$。

【例3.5】某公司的销售收入受市场销售情况的影响，存在三种状态，畅销 θ_1、一般 θ_2、滞销 θ_3，发生的概率分别为0.5，0.3，0.2，公司制定的三种销售方案 A_1，A_2 和 A_3，不同市场状态下三种方案的收益情况如表3.6所示。

表3.6 收益情况表   单位：万元

θ_j	θ_1	θ_2	θ_3
$P(\theta_j)$	0.5	0.3	0.2
A_1	200	50	−100
A_2	150	50	−50
A_3	180	50	−10

（1）利用期望值准则求出该公司应该采用哪种销售方案？其利润期望值多少万元？

（2）为进一步摸清市场对该公司产品的需求情况，公司经过深入的市场调查，得到一份市场销售前景的销售预测表，预测的销售情况也有畅销（H_1）、一般（H_2）和滞销（H_3）三种情况，似然函数如表3.7所示。

表3.7 似然函数表

θ_j	θ_1	θ_2	θ_3
$P(\theta_j)$	0.5	0.3	0.2
$P(H_1|\theta_j)$	0.6	0.1	0.3
$P(H_2|\theta_j)$	0.2	0.7	0.1
$P(H_3|\theta_j)$	0.2	0.2	0.6

针对这三种预测应该采用哪种销售方案？其利润期望值多少？

【解】（1） $E(A_1) = 0.5 \times 200 + 0.3 \times 50 + 0.2 \times (-100) = 95$ （万元）

$$E(A_2) = 0.5 \times 150 + 0.3 \times 100 + 0.2 \times (-50) = 95 \text{ （万元）}$$

$$E(A_3) = 0.5 \times 180 + 0.3 \times 50 + 0.2 \times (-10) = 103 \text{ （万元）}$$

由风险型决策的期望值准则选择期望值最优的方案作为最满意方案：无论产品市场状态如何，销售方案A_3为最佳销售方案，最大期望收益值为103万元。

（2）要计算调查后的各个期望值，必须先计算概率 $P(H_1)$ 和后验概率 $P(\theta_j|H_i)$。依据全概率公式有

$$P(H_1) = \sum_{j=1}^{3} P(H_i|\theta_j)P(\theta_j) = P(H_i|\theta_1)P(\theta_1) + P(H_i|\theta_2)P(\theta_2) + P(H_i|\theta_3)P(\theta_3)$$

计算结果如表3.8所示。

表3.8　全概率计算结果

	$P(H_i|\theta_1)P(\theta_1)$	$P(H_i|\theta_2)P(\theta_2)$	$P(H_i|\theta_3)P(\theta_3)$
H_1	0.3	0.03	0.39
H_2	0.1	0.21	0.33
H_3	0.1	0.12	0.28

利用贝叶斯公式计算后验概率 $P(\theta_j|H_i)$ 有相关的计算结果如表3.9所示。

表3.9　后验概率计算结果

	$P(\theta_1|H_i)$	$P(\theta_2|H_i)$	$P(\theta_3|H_i)$
H_1	0.77	0.07	0.16
H_2	0.30	0.64	0.06
H_3	0.36	0.21	0.43

根据贝叶斯决策的期望值计算公式，当预测市场畅销（即 $H=H_1$）时

$$E(A_1) = 0.77 \times 200 + 0.07 \times 50 + 0.16 \times (-100) = 141.5 \text{（万元）}$$

$$E(A_2) = 114.5 \text{（万元）}$$

$$E(A_3) = 140.5 \text{（万元）}$$

最大期望收益值为 $E(A_{\text{OPT}}|H_1) = 141.5$（万元）

当预测市场一般（即 $H=H_2$）时，

$$E(A_1) = 0.30 \times 200 + 0.64 \times 50 + 0.06 \times (-100) = 86 \text{（万元）}$$

$$E(A_2) = 106 \text{（万元）}$$

$$E(A_3) = 85.4 \text{（万元）}$$

最大期望收益值为 $E(A_{\text{OPT}}|H_2) = 106$（万元）

当预测市场为滞销（即 $H=H_3$）时，

$$E(A_1) = 0.36 \times 200 + 0.21 \times 50 + 0.43 \times (-100) = 39.5 \text{（万元）}$$

$$E(A_2) = 53.5 \text{（万元）}$$

$$E(A_3) = 71 \text{（万元）}$$

最大期望收益值为 $E(A_{\text{OPT}}|H_3) = 71$（万元）

该公司经过深入的市场调查所得的期望收益值为

$$E(A_1) = 0.39 \times 141.5 + 0.33 \times 106 + 0.28 \times 71 = 110.045 \text{（万元）}$$

取得最大利润期望值的最优策略是进行市场调查，如果预报销售情况畅

销，则最佳行动方案为 A_1；如果预报销售情况一般，则最佳行动方案为 A_2；如果预报销售情况为滞销，则最佳行动方案为 A_3。这个策略获得的期望利润为 $110.045 - 5 = 105.045$（万元）。

本章小结

决策分析是人们生活和工作中，为解决当前或未来可能发生的问题，选择最佳方案的一种过程。一项设计或计划通常会面对几种不同的自然状态，有几种不同的行动方案可供选择，决策的好坏，小则关系到能否达到预期目的，大则决定企业的成败，关系到部门、地区以至全国经济的盛衰。决策是管理过程的核心。管理者必须有科学的作风，掌握科学的决策原理和方法。

期望值法的核心思想是决策者应该选择最有可能带来最佳结果的决策，而不是单纯地追求最优的结果。它是一种在不确定情况下进行决策的方法，通过综合考虑每个结果的概率和价值，计算出每个结果的期望值，然后选择期望值最高的方案。期望值法可以用于解决风险型决策问题，其中未来的结果存在一定的不确定性，但可以根据历史数据和现有信息对每个结果的概率进行估计。它也可以用于解决不确定型决策问题，其中缺乏足够的信息和历史数据来估计每个结果的概率。在这种情况下，决策者需要根据自己的主观判断和经验来估计每个结果的概率，然后计算期望值，选择期望值最高的方案。期望值法是一种量化决策方法，它可以帮助决策者更准确地评估每个方案的优劣，从而作出更明智的决策。然而，它也存在一些局限性，例如，在某些情况下难以准确估计每个结果的概率，或者在某些情况下决策者可能更关注其他因素而不是期望值。

决策树的核心思想是利用树结构进行决策。它以树结构为基础，对数据进行分类规则的归纳。决策树的每个节点代表一个特征或属性，而每个分支代表一个决策选项，最终的叶节点代表了分类结果。决策树的构建过程中，核心思想是让信息熵快速下降，从而用尽可能少的决策步骤得到明确的分类结果。决策树的优点是直观易懂，可以方便地解释各个特征在分类决策中的作用。缺点是对于连续型特征的处理可能不够准确，且在处理大规模数据时可能效率较低。

贝叶斯决策就是在不完全情报下，对部分未知的状态用主观概率估计，然后用贝叶斯公式对发生概率进行修正，最后再利用期望值和修正概率作出最优决策。

思考题

（1）某厂一关键设备突然发生故障，为保证履行加工合同，工厂必须在7天内恢复正常生产，否则，将被罚以160万元的违约金。工厂面临两种选择：一是修复设备，7天内修复的概率是0.5，费用为20万元；一是购置新设备，7天内完成的概率是0.8，费用为60万元。问工厂选择哪一种行动为最佳？

（2）某企业拟开发新产品。现在有三个可行性方案需要决策。

方案一：开发新产品A，需要追加投资200万元，经营期限为三年。如果产品销路好，可获利200万元；销路一般可获利100万元；销路差将亏损10万元。三种情况的概率分别为30%，50%，20%。

方案二：开发新产品B，需要追加投资150万元，经营期限为四年。如果产品销路好，可获利150万元；销路一般可获利100万元；销路差可获利50万元。三种情况的概率分别为60%，30%，10%。

方案三：开发新产品C，需要追加投资50万元，经营期限为五年。如果产品销路好，可获利80万元；销路一般可获利50万元；销路差可获利20万元。三种情况的概率分别为50%，30%，20%。

请运用决策树对方法进行方案选优。

（3）有三个大小、外观、颜色完全相同的盒子，不妨称其代号为A，B，C。A盒内有8个红球2个黄球，B盒内有5个红球5个黄球，C盒内有2个红球8个黄球。现任抽一盒①让你猜是属A，B，C中的哪一盒，猜中得300元，猜不中失去100元。②可以从要猜的盒中随机取2个球看了颜色后再猜，但条件是猜中得300元，猜不中失去180元。问这两种方案中你愿意选取哪种方案，为什么？

第4章 不确定型决策

4.1 引言

决策者能够判定可能出现的状态，但不能判定各状态出现的可能性（即概率）的大小，在这种情况下所进行的决策就称为不确定型决策。对于不确定型决策问题，根据问题的特点和决策者自己的主观愿望偏好，可以采用不同的决策准则。

作为一种不确定型决策方法，它的主要特点是利用"情景"描述不确定的自然状态，目的是找到在任何情景下的结果都不会太差的方案，可以避免最坏情况的发生。下面分别加以介绍各决策准则。

在不确定的情况下，决策者知道将面对一些自然状态，并且知道将采用的几种行动方案在各个不同的自然状态下所获得的相应的收益值。但决策者不能预先估计或计算出各种自然状态出现的概率。这时决策者是根据自己的主观倾向进行决策，根据决策者的主观态度不同，基本可分为5种准则：悲观主义准则、乐观主义准则、等概率准则、折中准则、最小机会损失准则。

4.2 悲观主义准则

悲观主义（maxmin）准则亦称保守主义准则，又称为"坏中求好"准则或者最大最小决策准则。当决策者面临着各事件的发生概率不清的情况时，决策者考虑可能由于决策错误而造成重大经济损失。由于自己的经济实力比较脆弱，他在处理问题时就较为谨慎。他分析各种最坏的可能结果，从中选择最好者，以它对应的策略为决策策略。在收益矩阵中先从各策略所对应的可能发生的"策略—事件"对的结果中选出最小值，将它们列于表的最右列。再从此列的数值中选出最大者，以它对应的策略为决策者应选的决策策略。这是一种保守型的决策，决策者信心不足，不愿冒风险，对未来形势比较悲观，适用于经济实力比较脆弱的决策者。其数学式表示为

$$S^* = \max_{D_i} \left\{ \min_{S_j} \{c_{ij}\} \right\}$$

具体做法如下：

（1）在收益矩阵中，确定每个决策方案 S^*，在各个状态下 D_j 可能得到的最小收益值 C_i，即各行中的最小元素为

$$C_i = \min\{C_1,\ C_2,\ \cdots,\ C_m\}\ (i = 1,\ 2,\ \cdots,\ m)$$

（2）求各最小收益值的最大值 S^*，则对应的方案 S_i 即为应选决策方案。

$$S^* = \max\{C_1,\ C_2,\ \cdots,\ C_m\}$$

【例4.1】某企业要投资一种新产品，需要对投资规模作决策。

设投资方案有三种，即决策空间有三个变量，$S = \{S_1,\ S_2,\ S_3\}$。S_1 为投资 300 万元，作大规模生产；S_2 为投资 200 万元，作中等规模生产；S_3 为投资 100 万元，作小批量生产。

未来的经济形势可能有三种情况，即状态空间有三个变量，$D = \{D_1,\ D_2,\ D_3\}$。D_1 为经济形势很好；D_2 为经济形势一般；D_3 为经济形势很差。

经估计，各个方案在三种可能经济形势下的年利润如表4.1所示。

表4.1　各个方案的年利润　　　　　　　　　　　　　单位：万元

	D_1	D_2	D_3
S_1	60	0	−40
S_2	30	10	10
S_3	10	0	−5

从每行中找出最小值置于表的最右列，再从该列中找出最大值，见表 4.2。它对应的方案为 S_2，即根据悲观主义准则，决策者应选决策方案 S_2。

表4.2　悲观主义准则的决策过程

	D_1	D_2	D_3	min
S_1	60	0	−40	−40
S_2	30	10	10	10 ← max
S_3	10	0	−5	−5

如果决策目标是使损失最小，给出的是损失矩阵，那么悲观主义准则采用最小最大准则，即 $S^* = \min_{S_i}\{\max c_{ij}\}$ 也可以先将损失矩阵中各元素改变符号，化为收益矩阵，再采用最大最小准则。

【例4.2】某企业就生产线建设问题拟定了 A_1，A_2，A_3 三个方案，其中 A_1 为新建两条生产线，A_2 为新建一条生产线，A_3 为扩建原有生产线。在进行市场调研和预测的基础上，估算了各个方案在不同市场需求状态下的条件收益值如表4.3所示。

表4.3　某企业生产线建设问题决策收益表（净现值）　　　　单位：万元

	市场需求情况		
	θ_1（高需求）	θ_2（中需求）	θ_3（低需求）
A_1	1000	600	−200
A_2	750	450	50
A_3	300	300	80

利用悲观主义准则，企业生产线建设问题决策悲观决策表见表4.4。

表4.4　某企业生产线建设问题悲观决策收益表（净现值）　　　　单位：万元

	市场需求情况			每行最小值
	θ_1（高需求）	θ_2（中需求）	θ_3（低需求）	
A_1	1000	600	−200	−200
A_2	750	450	50	50
A_3	300	300	80	80
决策				80

由表4.4可见，若选择方案 A_1，则在自然状态 θ_3 下可获得最小收益−200万元；若选择方案 A_2，则在自然状态 θ_3 下可获得最小收益50万元；若选择方案 A_3，则在自然状态 θ_3 下可获得最小收益80万元。根据悲观主义准则，决策者应选择方案 A_3 为最优方案。虽然选择其他方案可能带来更高的收益，但采用悲观主义准则的决策者认为它们带来的收益跨度较大，与方案 A_3 相比，更可能出现不利结果。所以为稳妥起见，决策者保守地选择方案 A_3。

4.3 乐观主义准则

乐观主义（maxmax）准则，又称为"好中求好"决策准则或者最大最大准则，持该准则的决策者对待风险的态度与悲观主义者不同，当他面临情况不明的策略问题时，他绝不放弃任何一个可能获得最好结果的机会，以争取好中之好的乐观态度来选择他的决策策略。决策者在分析收益矩阵各策略的"策略—事件"对的结果中选出最大者，记在表的最右列。再从该列数值中选择最大者，以它对应的策略为决策策略。这是一种冒险型决策。决策者对自己很有信心，敢于承担风险，比较适用于经济实力强大的决策者，其数学式表示为

$$S^* = \max_{D_i} \left\{ \max_{S_j} c_{ij} \right\}$$

具体做法如下：

（1）在收益矩阵中，确定每个决策方案 S^* 在各个状态下可能得到的最大收益值 C_i，即各行中的最大元素为

$$C_i = \max\{C_1, C_2, \cdots, C_m\} \ (i = 1, 2, \cdots, m)$$

（2）求各最大收益值的最大值 S^*，则对应的方案 S_i，即为应选决策方案。

$$S^* = \max\{C_1, C_2, \cdots, C_m\}$$

如例4.1，从每行中找出最大值置于表的最右列（见表4.5），再从该列中找出最大值。它对应的方案为 S_1，即根据乐观主义准则决策者应选决策方案 S_1。

表4.5 乐观主义准则的决策过程

	D_1	D_2	D_3	max
S_1	60	0	-40	60 ← max
S_2	30	10	10	30
S_3	10	0	-5	10

如果决策目标是使损失最小，给出的是损失矩阵，那么乐观准则采用最小最小准则，即 $S^* = \min_{D_i} \left\{ \min_{S_j} \{c_{ij}\} \right\}$，也可以先将损失矩阵中各元素改变符号，化为收益矩阵，再采用最大最大准则。

结合例4.2，利用乐观主义准则选择方案，直接根据决策矩阵进行决策，如表4.6所示。

表4.6　某企业生产线建设问题乐观主义准则收益表（净现值）　单位：万元

	市场需求情况			每行最大值
	θ_1（高需求）	θ_2（中需求）	θ_3（低需求）	
A_1	1000	600	−200	1000
A_2	750	450	50	750
A_3	300	300	80	300
决策				1000

由表4.6可见，若选择方案A_1，则在自然状态θ_1下可获得最大收益1000万元；若选择方案A_2，则在自然状态θ_2下可获得最大收益750万元；若选择方案A_3，则在自然状态θ_1或θ_2下可获得最大收益300万元。

根据乐观决主义则，决策者希望获得最大收益，所以应选择方案A_1为最优方案。虽然该方案在自然状态下的收益为负值，但采用乐观准则的决策者认为较有利于自己的状态θ_1更可能会出现，从而带来最大的收益1000万元，所以他愿意为此而冒险。

4.4　等概率准则

等概率（Laplace）准则，又称等可能性准则，是19世纪法国数学家Laplace提出的。他认为，当一个人面临着某事件集合，在没有什么确切理由来说明这一事件比那一事件有更多发生机会时，只能认为各事件发生的机会是均等的。即每个事件发生的概率都是1/事件数。决策者计算各策略的收益期望值，然后在所有这些期望值中选择最大者，以它对应的策略为决策策略，其数学式表示为

$$S^* = \max_{S_i}\left\{\frac{1}{n}\cdot\sum_{j=1}^{n}C_{ij}\right\} \text{ 或 } S^* = \min_{S_i}\left\{\frac{1}{n}\cdot\sum_{j=1}^{n}C_{ij}\right\} \ (i=1,\ 2,\ \cdots,\ m)$$

具体做法如下：

（1）在收益（损失）矩阵中，计算各决策方案收益（损失）期望值。

$$E(S_i)=\frac{1}{n}\cdot\sum_{j=1}^{n}C_{ij} \ (i=1,\ 2,\ \cdots,\ m)$$

（2）求最大收益期望值S^*（或最小损失期望值），则方案对应的方案即为应选的决策方案。

$$S^* = \max\{E(S_i)\} \text{ 或 } S^* = \min\{E(S_i)\}$$

如例 4.1，3 种状态出现的概率均为 1/3，计算各决策方案的利润期望值：

$$E(S_1) = \frac{1}{3} \times (60 + 0 - 40) = 6.67$$

$$E(S_2) = \frac{1}{3} \times (30 + 10 + 10) = 16.7$$

$$E(S_3) = \frac{1}{3} \times (10 + 0 - 5) = 1.67$$

根据等概率准则，从各期望值中找出最大者：$\max(6.67，16.7，1.67) = 16.7$，所以，决策者应选决策方案 S_2，决策过程如表 4.7 所示。

表 4.7　等概率准则的决策过程

	D_1	D_2	D_3	$E(S_i)$
S_1	60	0	−40	6.67
S_2	30	10	10	16.7 ← max
S_3	10	0	−5	1.67

结合例 4.2，利用等概率决策准则选择方案，首先计算各方案在每种自然状态下的期望收益值：

$$E_1(A11) = (1/3) \times 1000 \approx 33.3；\quad E_1(A12) = (1/3) \times 600 = 200；$$

$$E_1(A13) = (1/3) \times 200 \approx -66.7$$

$$E_2(A21) = (1/3) \times 750 = 250；\quad E_2(A22) = (1/3) \times 450 = 150；$$

$$E_2(A23) = (1/3) \times 50 \approx 16.7$$

$$E_3(A31) = (1/3) \times 300 = 100；\quad E_3(A32) = (1/3) \times 300 = 100；$$

$$E_3(A33) = (1/3) \times 80 \approx 26.7$$

表 4.8　等概率决策准则的决策矩阵模型　　　　　　单位：万元

	θ_1（高需求）	θ_2（中需求）	θ_3（低需求）	
	1/3	1/3	1/3	
A_1	333.3	200	−66.7	466.7
A_2	250	150	16.7	416.7
A_3	100	100	26.7	226.7
决策				466.7

根据表4.8中的计算结果，并由等概率准则可知，应选的最优方案为 A_1。

4.5 折中准则

折中准则又称为乐观系数法。当用 minmax 决策准则或 maxmax 决策准则来处理问题时，有的决策者认为这样太极端了。于是提出把这两种决策准则相结合，根据经验和判断确定一个乐观系数 α，以 $\alpha(0 \leq \alpha \leq 1)$ 或 $(1-\alpha)$ 分别作为最大收益值（最理想状态）和最小收益值（最不理想状态）的权数，计算各方案的期望收益值，并以期望收益值最大的方案作为所要选择的方案。当 $\alpha=1$ 时，该准则等价于乐观主义准则；当 $\alpha=0$ 时，该准则等价于悲观主义准则。折中准则的数学式表示为

$$S^* = \max\{E(S_i)\}$$

具体作法如下：

（1）根据决策者对状态的乐观程度取一个乐观系数 α，则 $(1-\alpha)$ 是悲观系数。

（2）计算各决策方案的期望收益值。

$$E(S_i) = \alpha \max_i\{C_{ij}\} + (1-\alpha)\min_i\{C_{ij}\} \quad (i=1, 2, \cdots, m)$$

（3）求各期望收益值中的最大值，则最大值对应的即为所选决策方案。

$$S^* = \max\{E(S_1), E(S_2), \cdots, E(S_m)\}$$

如例4.1，设乐观系数 α 为0.8，则计算各决策方案的期望收益值置于表的最右列（见表4.9）。根据折中准则，从各期望值中找出最大者。所以，决策者应选决策方案 S_1。

表4.9 折中准则的决策过程

	D_1	D_2	D_3	$E(S_i)$
S_1	60	0	-40	$60 \times 0.8 + (-40) \times 0.2 = 40 \leftarrow$ max
S_2	30	10	10	$30 \times 0.8 + 10 \times 0.2 = 26$
S_3	10	0	-5	$10 \times 0.8 + (-5) \times 0.2 = 7$

考虑例4.2中的企业生产线建设问题，当乐观系数分别取0.3和0.5时，用

折中决策准则进行决策。直接根据决策矩阵进行决策，如表4.10所示。

表4.10 某企业生产线建设问题折中决策收益表（净现值） 单位：万元

	市场需求（高、中、低）			$\alpha \times \max_{j}\{c_{ij}\} + (1-\alpha)\min_{j}\{c_{ij}\}$	
	θ_1（高需求）	θ_2（中需求）	θ_3（低需求）	$\alpha = 0.3$	$\alpha = 0.5$
A_1	1000	600	−200	160	400
A_2	750	450	50	260	400
A_3	300	300	80	146	190
决策	$\max_{i}\{\alpha \times \max_{j}\{C_{ij}\} + (1-\alpha)\min_{j}\{C_{ij}\}\}$			260	400

由表4.10中的计算分析过程可知，当取 $\alpha = 0.3$，即决策者感觉情况不太乐观时，根据折中决策准则，选择方案 A_2 为最优方案；当取 $\alpha = 0.5$，即决策者认为最坏和最好的情况出现的概率相等时，最优方案为 A_1 或 A_2。

4.6 最小机会损失准则

最小机会损失准则亦称最小遗憾值准则或Savage准则或最大后悔值准则。首先将收益矩阵中各元素变换为每一"策略—事件"对的机会损失值（遗憾值，后悔值）。由于决策者没有选择收益最大或损失最小的决策方案而造成的损失值称为机会损失，也称后悔值。由后悔值构成的矩阵称为后悔值矩阵。最小机会损失准则是将能够获利而未获利也看成是一种机会损失，所以在决策中要求使未来的机会损失达到最小值，其数学式表示为

$$S^* = \max_{D_i}\left\{\max_{D_j}\{\bar{C}_{ij}\}\right\}$$

式中，$\bar{C}_{ij}$ 为后悔值。

具体做法如下：

（1）在收益矩阵中，求出各状态 D_j 下的最大收益值，即各列的最大元素。

$$b_j = \max_{j}\{C_{ij}\} \ (j = 1, 2, \cdots, n)$$

（2）计算各列的机会损失值。

$$\bar{C}_{ij} = b_j - c_j (i = 1, 2, \cdots, m); \ (j = 1, 2, \cdots, n)$$

（3）求出各决策方案的机会损失最大值。

$$S_i = \max_j \{\bar{C}_{ij}\} \quad (i = 1, 2, \cdots, m)$$

（4）求各决策方案机会损失最大值中的最小值，其对应的方案即为所选的决策方案。

$$S^* = \min\{S_i\}$$

如例4.1，决策者应选决策方案S_2，决策过程如表4.11所示。

表4.11　最小机会损失准则的决策过程

S	D			C			S_i
	D_1	D_2	D_3	$\bar{C}_{i1}$	$\bar{C}_{i2}$	$\bar{C}_{i3}$	
S_1	60	0	−40	0	10	50	50
S_2	30	10	10	30	0	0	30 ← min
S_3	10	0	−5	50	10	15	50

如果给出的是损失矩阵，那么每个状态下的最小损失值减去各决策方案的损失值之差，称为机会损失值。

结合例4.2，基于后悔值决策准则选择方案，首先计算后悔值。

方案A_1

$$\bar{C}_{11} = 1000 - 1000 = 0; \quad \bar{C}_{12} = 600 - 600 = 0; \quad \bar{C}_{13} = 80 - (-200) = 280$$

方案A_2

$$\bar{C}_{21} = 1000 - 750 = 250; \quad \bar{C}_{22} = 600 - 450 = 150; \quad \bar{C}_{23} = 80 - 50 = 30$$

方案A_3

$$\bar{C}_{31} = 1000 - 300 = 700; \quad \bar{C}_{12} = 600 - 300 = 300; \quad \bar{C}_{13} = 80 - 80 = 0$$

构造后悔值决策矩阵模型如表4.12所示。

表4.12　后悔值决策矩阵模型（净现值）　　　　　　　单位：万元

状态方案	收益值			
	市场需求情况			$\max_j\{\bar{C}_{ij}\}$
	θ_1（高需求）	θ_2（中需求）	θ_3（低需求）	
A_1	0	0	280	280
A_2	250	150	30	250
A_3	700	300	0	700
决策	$\min_j\{\max_j\{\bar{C}_{ij}\}\}$			250

由表4.12中数据比较可知，各方案最大后悔值中的最小者为250，所以根据后悔值决策准则，应选的最优方案为 A_2。

本章小结

对于不确定型决策，难以肯定哪个准则好，哪个准则不好，因为没有规定一个统一的评价标准。至于采用哪个准则，只能依靠决策者对各种状态的看法而定。在决策过程中，应该注意分析各种准则隐含的假定和决策时的各种客观条件。客观条件越接近于某一准则的隐含假定，选用该准则进行的决策结果就越正确。

思考题

（1）什么是不确定型决策？

（2）不确定型决策可分为哪几类？

（3）某县政府为增加农民收入，计划在下一年度通过有关农业服务中介组织向农民推荐一种经济作物，而种植此种经济作物是否能增加农民的收入以及能增加多少收入，取决于所种经济作物的市场销售状况。经过分析，可能的状态为差、一般、好。关于种植此种经济作物的规模问题，县政府提出了三个方案：小面积试点、适度推广和大面积推广。其收益情况如表1所示：

表1　某县种植经济作物的不同方案收益情况　　　　　单位：亿元

	差	一般	好
小面积试点	-1	3	5
适度推广	-2	4	9
大面积推广	-3	8	12

试问按照后悔值准则进行决策的结果如何？

（4）某企业就生产线建设问题拟定了三个方案：新建两条生产线、新建一条生产线和扩建原来生产线。企业面临的市场新需求有高需求、中需求和低需求，但是各种状态的概率未知。在市场调研和预测的基础上，得到各方法在不同市场需求状态下的收益值，见表2。

表2　某企业生产线建设方案收益情况　　　　　单位：万元

	低需求	中需求	高需求
扩建原来生产线	−10	30	50
新建一条生产线	−20	40	90
新建两条生产线	−30	80	120

　　试问按照悲观主义准则进行决策的结果如何？

第5章 大数据决策

5.1 引言

进入20世纪90年代，伴随着因特网发展，以及随之而来的企业内部网和企业外部网以及虚拟私有网的产生和应用，将整个世界联成一个小小的地球村，人们可以跨越时空地在网上交换数据信息和协同工作。这样，展现在人们面前的已不是局限于本部门、本单位和本行业的庞大数据库，而是浩瀚无垠的信息海洋。近十几年来，人们利用信息技术生产和收集数据的能力大幅度提高，无数个数据库被用于商业管理、政府办公、科学研究和工程开发等，由此积累的数据日益膨胀。随着数据库技术的迅速发展，以及数据库管理系统的广泛应用，人们积累的数据越来越多，激增的数据背后隐藏着许多重要的信息，但是由于缺乏挖掘数据背后隐藏的知识的手段，导致了"数据爆炸但知识贫乏"的现象。

大数据作为一种重要的信息资产，可以为人们提供全面的、精确的、实时的商业洞察和决策指导。大量信息在给人们带来方便的同时也带来了问题，人们开始考虑：在这被称之为信息爆炸的时代，如何才能不被信息的汪洋大海所淹没？如何从中及时发现有用的知识、提高信息利用率？

基于大数据的科学决策是众多行业领域未来发展的目标和方向。本章首先介绍了大数据的概念和特征，然后介绍了常见的数据预处理和数据挖掘方法及应用。

5.2 大数据决策概述

5.2.1 大数据的产生

随着计算机技术的高速发展，特别是计算机网络技术的不断应用，使 Intranet、Extranet 成为企业构建信息系统的网络计算模式。信息化程度快速加深，使信息过量几乎成为每个人都需要面对的问题。

从进化的角度来看，大数据的产生过程实际上反映了数据库技术的演化过程。大数据是人们长期对数据库技术进行研究和开发的结果，也是信息技术自然演化的结果。起初各种商业数据是存储在计算机的数据库中的，然后发展到可对数据库进行查询和访问，进而发展到对数据库的即时遍历。数据挖掘使数据库技术进入了一个更高级的阶段，它不仅能对过去的数据进行查询和遍历，而且能够找出过去数据之间的潜在联系，从而促进信息的传递。从商业数据到商业信息的进化过程中，每一步前进都是建立在上一步的基础上的。

数据管理的进化可以分为四个阶段：

（1）数据收集。主要集中在 20 世纪 60 年代，数据库和信息处理技术已经从原始的文件处理演化到复杂的、功能强大的数据库系统，其特点为可提供静态历史数据。

（2）数据访问。20 世纪 80 年代发展起来，数据库系统的研究和开发已经从早期的层次和网状数据库系统发展到开发关系数据库系统、数据建模工具、索引和数据组织技术等。其特点为动态修改数据信息。此外，联机事务处理的有效方法将查询看作只读事务，对于关系技术的发展作出了重要贡献。

（3）数据仓库。20 世纪 90 年代数据仓库浮出水面，有关技术主要是联机分析处理、多维数据库等，其特点为在各层次提供回溯的动态的历史数据。

（4）数据挖掘。这也是当前流行的，有关技术内容包括高级算法、多处理系统、海量算法，其最显著之处在于可以提供预测性信息。

5.2.2 大数据与数据挖掘

面对浩渺无际的数据，人们迫切需要有一种技术能够帮助人们从数据中发掘有用的知识，充分地利用数据和提高信息使用率，即怎样在"数据矿山"中找到蕴藏的"知识金块"？数据挖掘（data mining）技术应运而生。它是数据库和信息处理技术自然演化的结果。数据库提供来自种类不同的信息系统的集成化和历史化的信息，为有关部门或企业进行全局范围的战略决策和长期趋势分析提供了有效支持。数据挖掘是一种有效利用信息的工具，它主要基于人工智能、机器学习、统计学等技术，高度自动化地分析组织原有的数据，进行归纳性的推理，从中挖掘出潜在的模式，预测客户行为，帮助组织的决策者正确判断即将出现的机会，调整策略，减少风险，进行正确的决策。因此，将数据仓库与数据挖掘有机结合，必将大大提高企业对信息进行组织和利用的能力，使得信息能够更好地为决策服务。

数据挖掘的历史虽然不是很长，但从20世纪90年代以来，它的发展速度很快，而且它是多学科综合的产物，具有非常丰富的内涵。但是，到目前为止还没有一个完整的、权威的定义。下面介绍两种数据挖掘的定义：

（1）技术角度的定义。

从技术角度来讲，数据挖掘就是从大量的、不完全的、含噪声的、模糊的、随机的实际应用数据中，提取隐含在其中的、人们事先不知道的，但又是潜在有用的信息和知识的过程。简单地说，数据挖掘就是从大量数据中提取或"挖掘"知识。

这个定义包括以下四个层次的含义：

① 数据源必须是真实的、大量的、不完全的、含噪声的、模糊的、随机的。

② 发现的是用户感兴趣的知识。

③ 发现的知识要可接受、可理解、可运用，最好能用自然语言表达发现结果。

④ 这里所说的知识发现，不是要去发现放之四海而皆准的真理，也不是要去发现崭新的自然科学定理和纯数学公式，更不是什么机器定理证明。实际上，所有发现的知识都是相对的，是有特定前提和约束条件，面向特定领域的。

（2）商业角度的定义。

随着数据库技术的不断发展及管理系统的广泛应用，企业的数据积累急剧增加，而数据挖掘能够抽取大量数据背后隐藏的重要信息，能够为企业创造很多潜在的利润，从这个意义上来讲，数据挖掘概念是从商业角度开发出来的。

数据挖掘作为一种新的商业信息处理技术，其主要特点是对商业数据库中的大量业务数据进行抽取、转换、分析和其他模型化处理，从中提取辅助商业决策的关键性数据，而且能够对将来的趋势和行为进行预测，从而很好地支持人们的决策。

简而言之，数据挖掘其实是一类深层次的数据分析方法。数据分析本身已经有比较长的历史，只是在过去，数据收集和分析的目的是用于科学研究。另外，由于当时计算能力的限制，对大量数据进行复杂数据分析方法受到很大制约。现在，由于各行业业务计算机化的实现，商业领域产生了大量的业务数据，这些数据不再是为了分析的目的而收集，而是由于纯机会的（opportunistic）商业运作而产生。分析这些数据也不再是单纯为了研究的需要，更主要的是为商业决策提供真正有价值的信息，进而获得利润。但是，所有企业都面临一个共同的问题：企业数据量非常大，而其中真正有价值的信息却非常少。因此，从大量的数据中经过深层分析，获得有利于商业运作、提高竞争力的信息，就像从矿石中淘金一样，数据挖掘也因此而得名。

因此，从商业角度来讲，数据挖掘可以被描述为：按企业既定业务目标，对大量的企业数据进行探索和分析，揭示隐藏的、未知的或验证已知的规律性，并进一步将其处理成模型化的、先进的、有效的方法，以帮助企业的决策者调整市场策略，减少风险，作出正确的决策。

5.2.3　数据挖掘的作用

按照数据挖掘的作用模式来划分，数据挖掘的任务可以分为两大类：预测型模式（如序列模式、分类模式、回归模式、偏差分析模式等）和描述型模式（如聚类模式、关联模式和序列模式等）。预测性任务根据当前数据进行推断，以进行预测。预测型建模可能是基于使用其他的历史数据而建立的。例如，拒绝一个客户使用信用卡进行支付可能不是因为该客户自己的过去信用信息，而是因为其购买模式与以前其他客户的购买模式相似，而那些购买模式事后发现是使用被盗信用卡进行的。描述性任务刻画数据库中数据的一般特征。它是对数据中的模式或关系进行辨识，与预测型模型不同，描述型模型提供了一种探索被分析数据性质的方法，而不是预测新的性质。

（1）预测性任务。

①关联分析。关联分析（association analysis）是要发现大量数据中项集之间有趣的关联，从而为某些决策提供必要支持，它是数据库中存在的一类

重要的、可被发现的知识，被广泛应用于决策支持系统。它展示了数据间未知的依赖关系，根据这种关联性就可通过某一数据对象的信息来推断另一数据对象的信息。关联性是一种统计意义上的关系，并以置信度因子和支持度因子衡量关联的程度。通常须设定最小的置信度和支持度作为阀值。一般情况下，对于数量属性的数据可通过区间划分的方法将其转化为布尔属性。例如，从一家超市的数据仓库中，可以发现的一条典型关联规则可能是"买面包和黄油的顾客十有八九也买牛奶"，也可能是"买食品的顾客几乎都用信用卡"，这些发现对于商家实施客户化的销售计划和策略是非常有用的。

②序列分析及时间序列。序列分析和时间序列说明数据中的序列信息和与时间相关的序列分析，其与关联分析类似，只是扩展为一段时间的项目集间的关系。常把序列分析看作由时间变量连接起来的关联。序列分析可分析长时间的相关记录，发现经常发生的模式。这类方法关注下述几个方面：总结数据的序列或者事件；检测数据随时间变化的变化；检测知识（模型和特征曲线）随时间变化的变化。

③ 回归分析。回归是指将数据项映射到一个实值预测变量。事实上，回归涉及学习一个可以完成该映射的函数。回归首先假设一些已知类型的函数（如线性函数、logistic 函数等）可以拟合目标数据，然后利用某种误差分析确定一个与目标数据拟合程度最好的函数。回归分析按照涉及的自变量的多少，可分为一元回归分析和多元回归分析；按照自变量和因变量之间的关系类型，可分为线性回归分析和非线性回归分析。

（2）描述性任务。

① 分类分析。分类分析就是通过分析训练集中的数据，为每个类别作出准确的描述或建立分析模型或挖掘出分类规则，它代表了这类数据的整体信息，即该类数据的内涵描述，一般用规则或决策树模式表示；再利用所发现的模式，参照新数据的特征变量，将其映射入已知的类别。建立分类决策树的方法，典型的有 ID3、C4.5 和 IBLE 等算法。建立分类规则的方法，典型的有 AQ 方法、粗集方法和遗传分类器等。分类可用于规则描述和预测，如电信部门根据历史数据将客户分成了不同的类别，现在就可以根据这些类别来区分申请上网的客户是哪一类，以采取不同的营销方案。

② 聚类分析。聚类分析就是按一定的规则将数据划分为合理的集合，即将对象分组为多个类或簇，使得在同一个簇中的对象之间具有较高的相似度，而在不同簇中的对象差别则很大。它的基本思想是，在对数据进行分析

的过程中，在考虑数据间的"距离"的同时，更侧重考虑某些数据间类的共同内涵。基本上，聚类分析是对一组数据进行分组，这种分组基于如下的原理：最大的组内相似性和最小的组间相似性。聚类分析的常用算法包括k-means算法、分层凝聚法及估算最大值法等。

聚类增强了人们对客观现实的认识，是概念描述和偏差分析的先决条件。聚类技术主要包括传统的模式识别和数学分类学。与分类不同，在开始聚类之前，我们不知道要把数据分成几组，也不知道怎么分，因此在聚类之后要有一个对相关专业很熟悉的人来解释分类的意义。例如，将信用卡申请人分为高度风险申请者、中度风险申请者和低度风险申请者。

③ 概念描述。用户常常需要抽象的、有意义的描述。经过归纳的抽象描述能概括大量的关于类的信息。有两种典型的描述，特征描述和判别描述。特征描述是从学习任务相关的一组数据中提取出关于这些数据的特征式，这些特征式表达了该数据集的总体特征；而判别描述则描述了两个或更多个类之间有什么差异。

描述数据允许数据在多个抽象层概化，便于用户考察数据的一般行为。例如，对超市的销售数据，销售经理并不想了解每个客户的事务，而只是愿意观察到高层的数据，譬如按地区对顾客分组，观察每组顾客的购买频率和顾客的收入等。

④ 数据汇总与归纳。概念层次是数据库中经常存在的一种结构，描述数据之间的从属关系。数据库中的数据经常包含原始概念层上的详细信息，将一个数据集合归纳成高概念层次信息的过程称为数据汇总。主要方法有数据立方体和面向属性的归纳方法两种。其中，数据立方体将那些经常查询的、代价高昂的运算预先计算出来存储在数组中；而面向属性的归纳方法用一种类SQL数据挖掘查询语言表达查询要求，利用属性删除、概念层次树、门槛控制、数量传播及集合函数等对数据进行汇总，最终转化为各种规则，如特征规则、判别式规则、分类规则和相关规则等。

⑤ 偏差检测。数据库中的数据常有一些异常记录，从数据库中检测出这些偏差很有意义。偏差包括很多潜在的知识，如分类中的反常实例、不满足规则的特例、观测结果与模型预测值的偏差、量值随时间的变化等。偏差检测技术用于抽取数据中的偏差和异常，有助于滤掉知识发现引擎所抽取的无关信息，也滤掉那些不适合的数据。偏差检测的基本方法是寻找观测结果与参照之间的差别。例如，在银行的100万笔交易中有200例的欺诈行为，

银行为了经营安全，就要发现这200例欺诈行为的内在因素，降低经营
风险。

5.3　分类

分类是一种很重要的数据挖掘技术，也是数据挖掘研究的重点和热点之
一。分类的目的是分析输入数据，通过训练集中的数据表现出来的特性，为
每个类找到一种准确描述或者模型。这种描述常常用谓词来表示。由此生成
的类描述用来对未来的测试数据进行分类。尽管这些未来的测试数据的分类
标签是未知的，但仍可以由此预测这些新数据所属的类，也可以由此对数据
中每个类有更好的理解。分类技术具有广泛的应用，如医疗诊断、人脸检
测、故障诊断和故障预警等。

5.3.1　分类概述

（1）分类的基本概念。

分类（classification）是一种重要的数据分析形式，它提取刻画重要数据
类的模型。这种模型称为分类器，预测分类的（离散的、无序的）类标号。
这些类别可以用离散值表示，其中值之间的次序没有意义。

分类可描述如下：从训练数据中确定函数模型 $y=f(x_1, x_2, \cdots, x_d)$，其
中 $x_i(i=1, \cdots, d)$ 为特征变量，y 为分类变量。当 y 为离散变量时，即
$\mathrm{dom}(y)=\{y_1, y_2, \cdots, y_m\}$，被称为分类。

分类也可定义为：分类的任务就是通过学习得到一个目标函数（target
function）f，把每个属性集 x 映射到一个预先定义的类标号 y。

（2）分类的过程。

数据分类过程有以下两个阶段。

① 学习阶段（构建分类模型）。

② 分类阶段（使用模型预测给定数据的类标号）。

学习阶段，建立描述预先定义的数据类或概念集的分类器。在机器学习
中，能够完成分类任务的算法，我们通常把它称为一个分类器（classifier），
将处理的数据称为数据集（data set）。一个数据集通常来说包括3部分：①
训练数据（training data）及其标签；② 验证数据（validation data）及其标

签；③测试数据（testing data）。需要特别强调的是，这3部分是各自独立的，也就是说训练数据不能出现在验证数据及测试数据中，验证数据也不能出现在测试数据中，这点在训练分类器时一定要特别注意。分类算法通过分析或从训练集"学习"来构造分类器。训练集由数据库元组和与它们相关联的类标号组成。构成训练集的元组称为训练元组。

分类阶段，使用模型进行分类。首先评估分类器的准确率。如果使用训练集来度量分类器的准确率，则评估可能是乐观的，因为分类器趋向于过分拟合该数据。因此，需要使用由检验元组和与它们相关联的类标号组成的检验集。它们独立于训练元组，即不用它们构造分类器。分类器在给定检验集上的准确率是分类器正确分类的检验元组所占的百分比。如果认为分类器的准确率是可以接受的，就可以用它对类标号未知的数据元组进行分类。图5.1展示了建立分类模型的一般方法。

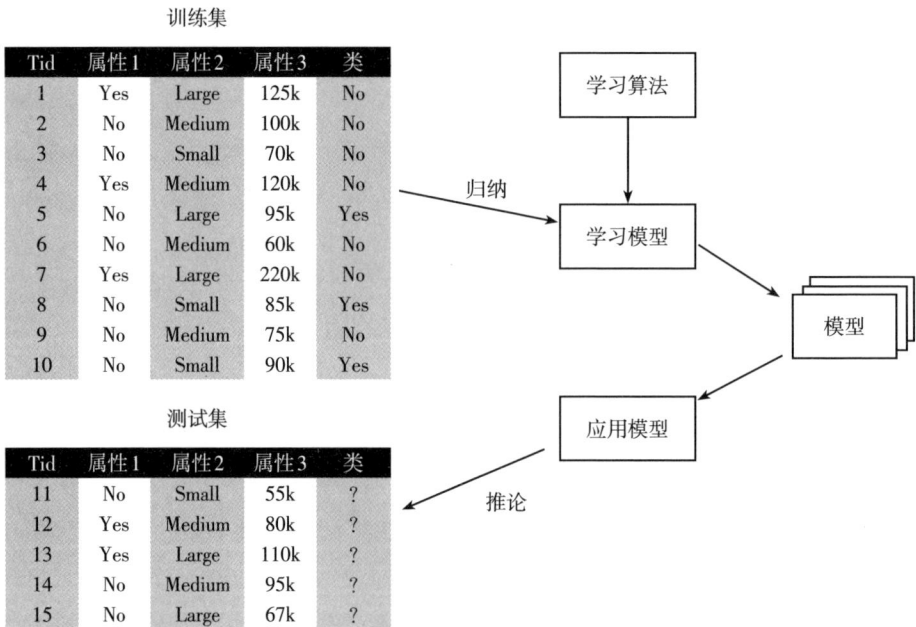

训练集

Tid	属性1	属性2	属性3	类
1	Yes	Large	125k	No
2	No	Medium	100k	No
3	No	Small	70k	No
4	Yes	Medium	120k	No
5	No	Large	95k	Yes
6	No	Medium	60k	No
7	Yes	Large	220k	No
8	No	Small	85k	Yes
9	No	Medium	75k	No
10	No	Small	90k	Yes

测试集

Tid	属性1	属性2	属性3	类
11	No	Small	55k	?
12	Yes	Medium	80k	?
13	Yes	Large	110k	?
14	No	Medium	95k	?
15	No	Large	67k	?

学习算法　　归纳　　学习模型　　模型　　应用模型　　推论

图5.1　建立分类模型的一般方法

一般方法是，首先需要一个训练集，它由类标号已知的记录组成。使用训练集建立分类模型，该模型随后将被运用于测试集，测试集由类标号未知的记录组成。

（3）分类器性能的评估方法。

分类器性能的评估方法主要是评估分类器性能的度量。当建立好一个分类模型之后，就要考虑这个模型的性能或准确率如何，这里介绍几种分类器评估度量方法，如表5.1所示。

假设在有标号的元组组成的训练集上使用分类器，P是正元组数，N是负元组数。

表5.1 度量及公式

度量	公式
准确率、识别率	$(TP+TN)/(P+N)$
错误率、误分类率	$(FP+FN)/(P+N)$
敏感度、真正例率、召回率	TP/P
特效型、真负利率	TN/N
精度	$TP/(TP+FP)$

注意：某些度量有多个名称。TP，TN，FP，FN，P，N分别表示真正例、真负例、假正例、假负例、正样本数和负样本数。

这些术语是用于计算许多评估度量的"构件"，理解它们有助于领会各种度量的含义。

真正例/真阳性（true positive，TP）：是被分类器正确分类的正元组。令TP为真正例的个数。

真负例/真阴性（true negative，TN）：是被分类器正确分类的负元组。令TN为真负例的个数。

假正例/假阳性（false positive，FP）：是被错误地标记为正元组的负元组。令FP为假正例的个数。

假负例/假阴性（false negative，FN）：是被错误地标记为负元组的正元组。令FN为假负例的个数。

这些词汇总在混淆矩阵中，如表5.2所示。

表5.2 分类结果混淆矩阵

预测的类	实际的类		合计
	Yes	No	
Yes	TP	FN	P
No	FP	TN	N
合计	P	N	$P+N$

5.3.2 决策树

决策树（decision tree）是一种类似于流程图的树结构，其中每个内部节点（非叶节点）表示在属性上的测试，每个分支表示该测试上的一个输出，而每个叶节点存放一个类标号，树的顶层节点是根节点。决策树生成方式一般情况下都是由上而下的。每次不同的事件或决策都有可能引发两个以上的事件，形成不同的结果，这种决策方法用图形表示出来很像一棵树，所以称为决策树。决策树是一种简单且广泛使用的分类器。通过训练数据来构建决策树，可高效地对未知的数据进行分类。

决策树有以下两大优点：

（1）决策树模型可读性好且具有描述性，有助于人工分析。

（2）效率高，决策树只需一次构建就可反复使用，每次预测的最大计算次数不超过决策树的深度。

决策树是树形结构的知识表示，可自动对数据进行分类，可直接转换为分类规则。决策树被看作基于属性的预测模型，树的根节点是整个数据集空间，每个分节点对应一个分裂问题，它是对某个单一变量的测试，该测试将数据集空间分割成两个或更多数据块，每个叶节点是带有分类结果的数据分割。决策树算法主要是针对"以离散变量作为属性类型进行分类"的学习方法。对于连续变量，必须被离散化才能被学习和分类。

决策树与其他分类方法相比具有准确性高和速度快的优点。准确性高主要表现在得出的分类规则的正确率比较高；速度快主要表现在计算量比较小，能够快速地形成分类规则。

基于决策树的决策算法的最大优点是，在学习过程中不需要了解很多背景知识，只从样本数据及提供的信息中就能够产生一棵决策树，通过树节点的分叉判别可以使某一分类问题仅与主要的树节点对应的变量属性取值相关，即不需要全部变量取值来判别对应的分类。

5.3.2.1 决策树的用途和特性

基于决策树的决策算法属于实用性很好的总结预测算法，是一种趋近于非连续型函数值的算法，分类准确率高，方便操作，并且对噪声数据有很好的稳健性，所以它成为应用范围很广且比较受欢迎的数据挖掘算法。决策树在各行各业有着非常多的应用，如医院的临床决策、人脸检测、故障诊断、故障预警、医疗数据挖掘、案例分析、分类预测的软件系统等方面都有很大的用处。决策树的最佳用途是图解说明如何领会决策与相关事件的相互作用。

决策树的特性是能够直观地体现数据，一般通过简单分析都能理解决策树表达的含义。决策树对数据要求不是很高，数据的表达形式一般很简单。对于属性类型是常规型或者是数据型的数据能够同时进行处理。另外，决策树能够在短时间内对大型的数据源作出有效且可行的分析结果。对决策树模型进行测评可以通过静态测试的方法，并且可以测定模型的可信度。对于某个观察模型，依据它所产生的决策树能够非常容易地推导出相应的逻辑表达式。

5.3.2.2   决策树的工作原理

决策树是通过一系列规则对数据进行分类的过程。它提供一种在什么条件下会得到什么值的类似规则的方法。决策树分为分类树和回归树两种，分类树对离散变量作决策树，回归树对连续变量作决策树。

决策树也是最常用的数据挖掘算法之一，它的概念非常简单。决策树算法之所以如此流行，是因为使用者基本上不用去了解机器学习算法，也不用深究它是如何工作的。直观看，决策树分类器就像判断模块和终止块组成的流程图，终止块表示分类结果（也就是树的叶子）。判断模块表示对一个特征取值的判断（该特征有几个值，判断模块就有几个分支）。

如果不考虑效率，那么样本所有特征的判断级合起来终会将某一个样本分到一个类终止块上。实际上，样本所有特征中有一些特征在分类时起到了决定性作用，决策树的构造过程就是找到这些具有决定性作用的特征，根据其决定性程度来构造一棵倒立的树，决定性作用最大的那个特征作为根节点，然后递归找到各分支下子数据集中次大的决定性特征，直至子数据集中所有数据都属于同一类。所以，构造决策树的过程本质上就是根据数据特征将数据集分类的递归过程，需要解决的第一个问题就是，当前数据集上哪个特征在划分数据分类时起决定性作用。图5.2给出了一个商业上使用决策树的例子。

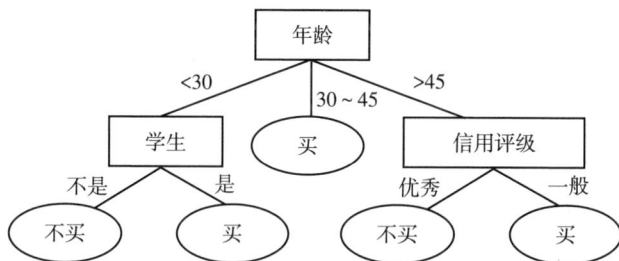

图5.2   买电脑的决策树

这棵决策树表示了一个关心电子产品的用户是否会购买电脑，用它可以预测某条记录（某个人）的购买意向。树中包含了3种节点：

根节点：没有入边，但有两条或多条出边。

子节点：恰有一条入边和两条或多条出边。

叶节点或终节点：恰有一条入边，但没有出边。

在决策树中，每个叶节点都被赋予一个类标号。非终节点（包括根节点和内部节点）包含属性测试条件，用于分开具有不同特性的记录。这棵决策树对销售记录进行分类，指出一名电子产品消费者是否会购买一台电脑。每个内部节点（方形框）代表对某个属性的一次检测。每个叶节点（椭圆框）代表一个类。

（买电脑＝买）或者（买电脑＝不买）

在这个例子中，样本向量为：（年龄，学生，信用评级；买电脑）。

被决策数据的格式为：（年龄，学生，信用评级）。

输入新的被决策的记录，可以预测该记录隶属于哪个类。

一旦构造了某一棵决策树，对检验记录进行分类就相当容易了。从树的根节点开始，将测试条件用于检验记录，根据测试结果选择适当的分支。沿着该分支或者到达另一个内部节点，使用新的测试条件，或者到达一个叶节点。到达叶节点之后，叶节点的类称号就被赋值给该检验记录。

5.3.2.3 决策树的构建步骤

决策树算法应用的完整流程应包含建树和应用。建树是从经验数据中获取知识，进行机器学习，建立模型或者构造分类器，是决策树算法的工作重点，通常又将其分为建树和剪枝两个部分。而应用则比较简单，利用建好的决策树模型分类或者预测新数据即可。

先介绍一下建树。建树也就是决策树算法建模的主体过程，或者说，建树便是主要规则的产生过程。决策树构建的基本步骤如表5.3所示。

表5.3 决策树构建的基本步骤

步骤	内容
1	开始，将所有记录看作一个节点
2	遍历每个变量的每种分割方式，找到最好的分割点
3	分割成多个节点 N_1，N_2，$\cdots$，N_m（m 的数量与当前的属性相关）
4	对 N_1，N_2，$\cdots$，N_m 分别继续执行第2步和第3步，直到每个节点达到一定的纯度

决策树的变量可以有两种：数字型（numeric）和名称型（nominal）。

（1）数字型：变量类型是整数或浮点数，如前面例子中的"年龄"。用 ">""<"等作为分割条件（排序后，利用已有的分割情况，可以优化分割算法的时间复杂度）。

（2）名称型：类似编程语言中的枚举类型，变量只能从有限的选项中选取。

如何评估分割点的好坏？如果一个分割点可以将当前的所有节点分为两类，使得每类都很"纯"，也就是同一类的记录较多，那么就是一个好分割点。

树的主体建好后，接下来便是对其剪枝。所谓剪枝，就是在树的主体上删除过多的条件或者直接删除一些不必要的子树，提高树的性能，确保精确度，提高其可理解性。同时，在剪枝过程中还要克服训练样本集的数据噪声，尽可能地消除噪声造成的影响。决策树的剪枝一般通过极小化决策树整体的损失函数或代价函数来实现。

决策树剪枝常用的方法有两种：预剪枝（pre-pruning）和后剪枝（post-pruning）。

预剪枝是指根据一些原则尽早地停止树的增长，如树的深度达到用户所要的深度、节点中样本个数少于用户指定个数等。预剪枝在建树的过程中决定是否需要继续划分或分裂训练样本来实现提前停止树的构造，一旦决定停止分支，就将当前节点标记为叶节点。这样可以有效减少建立某些子树的计算代价。运用这一策略的代表性算法有 public 算法。预剪枝的核心问题是，如何事先指定树的最大深度，如果设置的最大深度不恰当，那么将会导致过于限制树的生长，使决策树的表达式规则趋于一般，不能更好地对新数据集进行分类和预测。除事先限定决策树的最大深度外，还有另外一种方法来实现预剪枝操作，那就是采用检验技术对当前节点对应的样本集合进行检验，如果该样本集合的样本数量已小于事先指定的最小允许值，那么停止该节点的继续生长，并将该节点变为叶节点，否则可以继续扩展该节点。

后剪枝是通过在完全生长的树上剪去分支实现的，通过删除节点的分支来剪去树节点，可以使用的后剪枝方法有多种，如错误率降低修剪（reduced error pruning，REP）、规则后修剪（rule post pruning，RPP）、最小错误剪枝（minimum error pruning，MEP）和最小描述长度（minimum description length，MDL）算法等。后剪枝操作是一个边修剪、边检验的过程，一般规则标准是，在决策树的不断剪枝操作过程中，将原样本集合或新数据集合作为测试数据，检验决策树可测试数据的预测精度，并计算出相应的错误率，如果剪掉某个子树后，决策树对测试数据的预测精度或其他测度不降低，那么就剪掉该子树。

决策树算法能被普遍应用，是基于其特有的优点：① 结构简单，容易理解；② 适合处理量比较大的数据；③ 计算量较小，运算速度较快；④ 在处理非数值型数据上优势明显；⑤ 分类准确率比较高。

5.3.3 支持向量机

支持向量机（support vector machine，SVM）是由 Cortes 和 Vapnik 等人于20世纪90年代根据统计学习理论中的结构风险最小化原则提出的一种经典的机器学习方法，现已发展为机器学习领域的一个重要分支。它在有限训练样本的学习精度和泛化能力（无错误地识别任意样本的能力）之间取得良好的平衡，从而获得较好的推广应用。目前，在模式识别方面，支持向量机已被应用于手写数字识别、语音鉴定、目标识别和照片人脸识别等分类中；在回归估计方面，支持向量机已被应用到一系列预测结果的基准实践中。

在多数情况下，支持向量机的表现都优于其他机器学习方法。尤其是在密度估计和方差分析（ANOVA）分解中的应用更加表现出了支持向量机的优势。

5.3.3.1 支持向量机的主要思想

支持向量机的主要思想是针对两类分类问题，寻找一个超平面作为两类训练样本点的分割，以保证最小的分类错误率。在线性可分的情况下，存在一个或多个超平面使得训练样本完全分开，支持向量机的目标是找到其中的最优超平面。最优超平面是使得每类数据与超平面距离最近的向量与超平面之间的距离最大的平面。对于线性不可分的情况，可使用非线性核函数将低维输入空间线性不可分的样本转化为高维特征空间使其线性可分。

支持向量机在小样本二分类问题上具有较好的分类效果和泛化能力，对于解决非线性问题有其强大的理论基础。运用 SVM 构建模型首先要确定合适的核函数参数，即确定最优的惩罚参数 C 和核函数参数 g，以及误差阈值 ε。传统的参数寻优搜索算法主要有梯度法、模拟退火算法和网格搜索算法（grid-search）等。梯度法收敛速度较快，但其要求目标函数对参数可微，限制条件较多，一般只能得到局部最优解；模拟退火算法条件相对宽松，但耗费的时间太长；网格搜索算法是对参数在特定范围内采取遍历搜索的办法，并在众多结果中选择一个最优解。在实际应用中，网格搜索是参数寻优中使用最广泛的方法，尤其对小规模数据集处理效果好，并且在寻优区间足够大、步距足够小的情况下，可以得到全局最优解。

基于网格搜索的参数确定方法实现如下：

（1）对惩罚参数 C 和核函数参数 g 的取值范围确定一个较大的区间，并设定一个较小的步长以此生成网格，网格中的每个节点即为给定范围内所有可能的 C 与 g 组成的参数对，这样就在 C，g 坐标系上构成一个二维网格。

（2）利用 K-CV 方法对训练集进行测试，根据准确率最高原则在等高线图确定最佳的 C，g 值。

（3）若准确率不能达到要求，可以在现有等高线图基础上选定一个小的搜索区域，再设定一个更小的步长，在该范围内进行遍历搜索，最终确定准确率最高的参数组合。

在参数选择过程中，分类准确率最高的参数组合可能对应多组 C，g 值，在这种情况下，一般选择 C 最小的组合作为最佳参数组。

通过选择一个合适的非线性映射核函数，运用支持向量机将这个问题转换成高维特征空间的线性问题进行处理。而采用不同核函数，模型的复杂程度和分类效果是不一样的，目前研究最多的核函数主要有线性核函数、多项式核函数、径向基核函数（RBF）和 Sigmoid 核函数 4 种。

常用的核函数：

（1）线性核函数：

$$K(x，x_i)=(x \cdot x_i) \tag{5.1}$$

（2）多项式核函数：

$$K(x，x_i)=\left[s(x \cdot x_i)+c\right]^d \tag{5.2}$$

其中，s，c 和 d 为参数。线性核函数可以看作多项式核函数的一种特殊情况。

（3）径向基核函数：

$$K(x，x_i)=\exp\left(-\gamma|x-x_i|^2\right) \tag{5.3}$$

其中，γ 为正参数。

（4）Sigmoid 核函数：

$$K(x，x_i)=\tanh\left[s(x \cdot x_i)+c\right] \tag{5.4}$$

其中，s 和 c 为参数。

相关研究发现，运用RBF核函数构建的模型的运行效率较高，且在处理非线性关系问题方面具备较好的分类优势，在大多情况下优于其他核函数，因此应用得最广泛，本书也选用RBF作为SVM的分类核函数。RBF核函数的思想是按一定规律改变原始样本的特征数据并得到一个新样本，然后根据新样本的分类情况可以推测出原始样本的分类情况。从本质来说，RBF核函数是在衡量样本与样本之间的"相似度"，在一个刻画"相似度"的空间中，将每个样本点映射到一个高维的特征空间，让同类样本更好地聚在一起，进而实现线性可分。

5.3.3.2 支持向量机的优点

（1）支持向量机学习问题可以表示为凸优化问题，因此可以利用已知的有效算法发现目标函数的全局最小值。而其他分类方法（如基于规则的分类器和人工神经网络）都采用一种基于贪心学习的策略来搜索假设空间，这种方法一般只能获得局部最优解。

（2）假设现在你是一个农场主，圈养了一群羊，但为预防狼群袭击羊群，你需要搭建一个篱笆把羊群围起来。但是篱笆应该建在哪里呢？你很可能需要依据羊群和狼群的位置建立一个"分类器"，图5.3是几种不同的分类器解决方案。

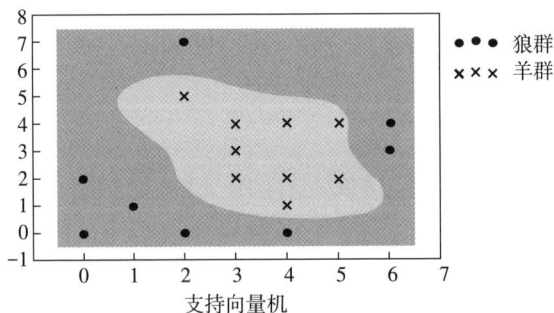

支持向量机

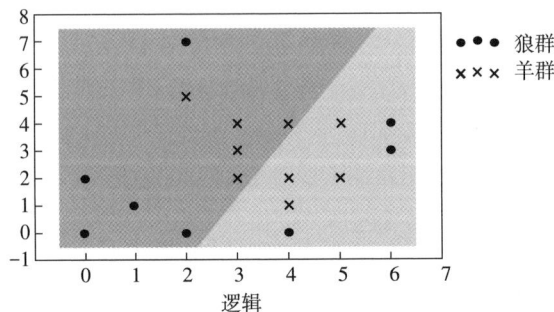

逻辑

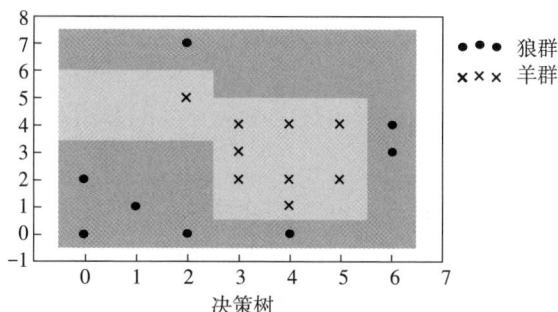

图5.3 几种不同的分类器解决方案

比较图5.3中这几种不同的分类器，可以看到支持向量机给出了一个很完美的解决方案。从侧面简单说明了支持向量机使用非线性分类器的优势，而逻辑方案及决策树方案都使用了直线方法。明显看出，支持向量机方案要好过其他两种方案。

5.4 聚类

"物以类聚，人以群分"，聚类是人类认识世界的一种重要方法。所谓聚类，就是按照事物的某些属性，把事物聚集成簇，使簇内的对象之间具有较高的相似性，而不同簇的对象之间的相似程度较差。聚类是一个无监督的学习过程，它同分类的根本区别在于：分类需要事先知道所依据的对象特征，而聚类需要找到这个对象特征，因此，在很多应用中，聚类分析作为一种数据预处理过程，是进一步分析和处理数据的基础。在商务上，聚类能帮助市场分析人员从客户基本库中发现不同的客户群，并且用购买模式来刻画不同客户群的特征。在生物学上，聚类能用于推导植物和动物的分类，对基因进行分类，获得对种群中固有结构的认识。聚类也能用于对web上的文档进行分类，以发现信息。同一类事物往往具有更多的近似特征，分门别类地对事物进行研究远比在一个复杂多变的集合中研究更为清晰、细致。

5.4.1 聚类的基本概念

聚类是一种常见的数据分析方法，就是将对象集合分组成为由类似的对象组成的多个类或簇的过程。由聚类所生成的类是对象的集合，这些对象与同一个类中的对象彼此相似，与其他类中的对象相异。在许多应用中，可以将一个类中的数据对象作为一个整体来对待。下面给出聚类的数学描述。

被研究的对象集为 X，聚类系统的输出是对对象的区分结果，即 $C = \{C_1, C_2, \cdots, C_k\}$，其中 $C_i \subseteq X$，$i = 1, 2, \cdots, k$，且满足如下条件：

（1） $C_1 \cup C_2 \cup \cdots \cup C_k = X$。

（2） $C_i \cap C_j = \varnothing$，$i, j = 1, 2, \cdots, k$，$i \neq j$。

C 中的成员 C_1，C_2，$\cdots$，C_k 称为类或簇。由第一个条件可知，对象集 X 中的每个对象必定属于某一个类；由第二个条件可知，对象集 X 中的每个对象最多只属于一个类。每个类可以通过一些特征来描述，有如下几种表示方式：

（1） 通过类的中心或边界点表示一个类。

（2） 使用对象属性的逻辑表达式表示一个类。

（3） 使用聚类树中的节点表示一个类。

聚类分析就是根据发现的数据对象的特征及其关系的信息，将数据对象分簇。簇内的相似性越大，簇间差别越大，聚类效果越好。虽然聚类也起到了分类的作用，但和大多数分类是有差别的。大多数分类都是演绎的，即人们事先确定某种事物分类的准则或各类别的标准，分类的过程就是比较分类的要素与各类别的标准，然后将各要素划归于各类别中。聚类分析是归纳的，不需要事先确定分类的准则来分析数据对象，不考虑已知的类标记。聚类分析方法取决于数据的类型、聚类的目的和应用。按照聚类分析方法的主要思路，聚类分析方法可以分为划分聚类方法、层次聚类方法、密度聚类方法、网格聚类方法、模型聚类方法。

（1） 划分聚类方法。给定一个包含 n 个对象的数据集，划分聚类方法构建数据集的 k 个划分，每个划分表示一个簇，并且 $k \leqslant n$。划分聚类方法首先创建一个初始划分，然后采用一种迭代的重定位技术，尝试通过对象在划分间的移动来改进划分。也就是说，它将数据集划分为 k 个组，同时满足以下要求：每个组至少包括一个对象，并且每个对象必须属于且只属于一个组（硬划分）。属于该类的聚类算法有 k-平均算法、k-模算法、k-原型算法、k-中心点算法、PAM算法、CLARA算法、CLARANS算法等。

（2） 层次聚类方法。划分聚类方法获得的是单级聚类，而层次聚类方法是将数据集分解成多级进行聚类，层的分解可以用树形图来表示。根据层次的分解方法，层次聚类方法可以分为凝聚层次聚类算法和分裂层次聚类算法。凝聚层次聚类算法也称为自底向上的聚类算法，一开始将每个对象作为单独的一簇，然后不断地合并相近的对象或簇，如AGNES算法就属于此类。

分裂层次聚类算法也称为自顶向下的聚类算法，一开始将所有的对象置于一个簇中，在迭代的每一步中，一个簇被分裂为更小的簇，直到每个对象在一个单独的簇中，或者达到算法终止条件，如DIANA算法就属于此类。相对于划分聚类方法，层次聚类方法不需要指定聚类数目，在凝聚或者分裂的层次聚类方法中，用户可以定义希望得到的聚类数目作为一个约束条件。

（3）密度聚类方法。绝大多数划分聚类方法是基于对象之间的距离进行的，这样的方法只能发现球状的类，而在发现任意形状的类上遇到了困难。密度聚类方法的主要思想是：只要邻近区域的密度（对象或数据点的数目）超过某个阈值就继续聚类。也就是说，对给定类中的每个数据点，在一个给定范围的区域中必须至少包含某个数目的点。这样的方法可以用来过滤噪声和孤立点数据，发现任意形状的类。属于该类的聚类方法有DBSCAN算法、OPTICS算法等。

（4）网格聚类方法。网格聚类方法首先把对象空间划分成有限个单元的网状结构，所有的处理都是以单个单元为对象的。这种方法的主要优点是处理速度快，其处理时间独立于数据对象的数目，只与划分数据空间的单元数有关。属于该类的聚类算法有STING算法、Wave Cluster算法、CLIQUE算法等。

（5）模型聚类方法。模型聚类方法为每个簇假定一个模型，然后寻找能够很好地满足这个模型的数据集。这种聚类方法经常基于这样的假定：数据集是由一系列的概率分布所决定的。模型聚类方法主要有两类：统计学模型聚类方法和神经网络模型聚类方法。

基于聚类分析的数据挖掘在实践中已经取得了很好的效果，但由于要处理巨大的、复杂的数据集，对聚类分析方法也提出了特殊的挑战，根据应用类型的不同，数据挖掘对聚类分析方法的要求主要有以下9个方面：

（1）可伸缩性。可伸缩性是指算法不论对小数据集还是对大数据集，都应是有效的。很多聚类算法在几百个小数据集合上稳健性很好，而对包含上万个数据对象的大规模数据库进行聚类时，将导致不同的偏差结果。因此，研究大容量可伸缩性高效聚类算法是数据挖掘必须面对的挑战。

（2）处理不同类型属性的能力。聚类算法不仅要能处理数值型数据，还要有处理其他类型数据的能力，包括布尔类型、标称类型、序数型、枚举类型，或者这些数据类型的混合。随着数据挖掘在商务、科学、医学、社交网络和其他领域的作用越来越大，越来越需要能够处理多种属性的技术。

（3）应具有处理高维数据的能力。一个数据库或数据仓库可能包含数目众多的维或属性，并且数据可能是非常稀少的，这就要求对现有算法进行改进或研究新的适用于高维数据的聚类算法来满足数据挖掘的需要。

（4）基于约束的聚类。在实际应用中，可能需要在各种约束条件下进行聚类。找到既满足特定的约束又具有良好聚类性能的数据分组是一项具有挑战性的任务。

（5）易理解的和可用的。在数据挖掘中，用户得到的聚类模式应该是易理解的和可用的。聚类应和特定的语义解释与应用相联系。

（6）输入参数对领域知识的弱依赖性。在聚类分析中，许多聚类算法要求用户输入一定的参数。聚类结果对于输入的参数十分敏感，参数通常很难确定，特别是包含高维对象的数据集。要求用户输入参数不仅加重了用户的负担，也使得聚类的质量难以控制。

（7）发现任意形状的簇。许多聚类算法基于欧几里得距离作为相似性度量方法，决定聚类。基于这样的距离度量的算法趋向于发现具有相近尺度和密度的球状簇。对于可能是任意形状的簇的情况，提出能发现任意形状的簇的算法是很重要的。

（8）处理噪声数据的能力。在现实应用中，绝大多数的数据都包含了孤立点、空缺、未知数据或错误的数据。若聚类算法对这样的数据敏感，将会导致低质量的聚类结果。

（9）对数据输入的顺序不敏感。有些聚类算法对数据输入的顺序是敏感的。例如，同一个数据集，以不同的顺序提交给同一个算法时，可能生成差别很大的聚类结果。研究和开发对数据输入的顺序不敏感的算法是非常有意义的。

5.4.2　划分聚类方法

对于给定的数据集，划分聚类方法通过选择适当的初始代表点将数据样本进行初始聚类，之后通过迭代过程对聚类的结果进行不断的调整，直到使评价聚类性能的准则函数的值达到最优为止。划分聚类方法以距离作为数据集中不同数据间的相似性度量，将数据集划分成多个簇。划分聚类方法是最基本的聚类算法，属于这样的聚类算法有 k-平均（k-means）算法、k-中心点（k-medoids）算法、k-模算法、k-原型算法等。

5.4.2.1　划分聚类方法的主要思想

给定一个包含 n 个数据对象的数据集，划分聚类方法将数据对象的数据集进行 k 个划分，每个划分表示一个簇（类），并且 $k \leqslant n$。也就是说，它将数据划分为 k 个簇，同时满足下列条件：① 每个簇至少包含一个对象；② 每个对象属于且仅属于一个簇。对于给定的要构建的划分的数目 k，划分聚类方法首先给出一个初始的划分，然后采用一种迭代的重定位技术，尝试通过对象在划分间移动来改进划分，使得每次改进之后的划分方案都较前一次更好。好的划分是指同一簇中的对象之间尽可能"接近"，在不同簇中的对象之间尽可能"远离"。

5.4.2.2　评价函数

评价聚类效果的评价函数着重考虑两个方面：每个簇中的对象应该是紧凑的；各个簇间的对象的距离应该尽可能远。实现这种考虑的一种直接方法就是观察聚类 C 的类内差异 $w(C)$ 和类间差异 $b(C)$。类内差异衡量类内的对象之间的紧凑性，类间差异衡量不同类之间的距离。

类内差异可以用距离函数来表示，最简单的就是计算类内的每个对象点到它所属类中心的距离的平方和，即

$$w(C) = \sum_{i=1}^{k} w(C_i) = \sum_{i=1}^{k} \sum_{x \in C_i} d(x, \bar{x}_i)^2 \tag{5.5}$$

类间差异定义为类中心之间距离的平方和，即

$$b(C) = \sum_{1 \leqslant j \leqslant i \leqslant k} d(\bar{x}_j, \bar{x}_i)^2 \tag{5.6}$$

式（5.5）中的 $\bar{x}_i$ 和式（5.6）中的 $\bar{x}_j$ 分别是类 C_i，C_j 的类中心。

聚类 C 的聚类质量可用 $w(C)$ 和 $b(C)$ 的一个单调组合来表示，如 $w(C)/b(C)$。

5.4.3　层次聚类方法

层次聚类通过递归地对数据对象进行合并或者分裂，直到满足某种终止条件为止。根据层次分解是自底向上（合并）还是自顶向下（分裂）形成，层次聚类方法可以进一步分为凝聚层次聚类算法和分裂层次聚类算法。一个纯粹的层次聚类算法的质量由于无法对已经做的合并或分裂进行调整而受到影响。但是层次聚类方法没有使用准则函数，它所隐含的对数据结构的假设更少，所以它的通用性更强，代表算法有 BIRCH 算法、CURE 算法、Chameleon 算法等。

在实际应用中一般有两种类型的层次聚类方法，它们分别是：

（1）自底向上的凝聚层次聚类算法。这种自底向上的策略首先将每个对象作为一个簇，然后合并这些原子簇为越来越大的簇，直到所有的对象都在一个簇中，或者达到了某个终止条件。绝大多数的层次聚类方法都属于这一类，只是在簇间相似度的定义上有所不同。凝聚层次聚类算法的代表是AGNES算法。

（2）自顶向下的分裂层次聚类算法。这种自顶向下的策略与凝聚层次聚类相反，它首先将所有对象置于一个簇中，然后逐渐细分为越来越小的簇，直到每个对象自成一簇，或者达到了某个终止条件，如达到了某个希望的簇数目，或者两个最近的簇之间的距离超过了某个阈值。分裂层次聚类算法的代表是DIANA算法。

图5.4描述了一种凝聚层次聚类算法（AGNES）和一种分裂层次聚类算法（DIANA）对一个包含5个数据对象的数据集合 $\{a, b, c, d, e\}$ 的处理过程。最初，AGNES算法将每个对象看作一个簇，然后将这些簇根据某些准则逐步合并。例如，如果簇 C_1 中的一个对象和簇 C_2 中的一个对象之间的距离是所有属于不同簇的对象间欧几里得距离中最小的，则 C_1 和 C_2 可能被合并。这是一种单链接算法，其每个簇可以被簇中所有对象代表，簇间的相似度用属于不同簇中最近的数据点对之间的相似度来度量。聚类的合并过程反复进行，直到所有的对象最终合并形成一个簇。在DIANA算法的处理过程中，所有的对象初始都放在一个簇中。根据一些原则，如簇中最近的相邻对象的最大欧几里得距离，将该簇分裂。簇的分裂过程反复进行，直到最终每个新的簇中只包含一个对象。在凝聚或者分裂的层次聚类方法中，用户可定义希望得到的簇数目作为算法结束的一个条件。

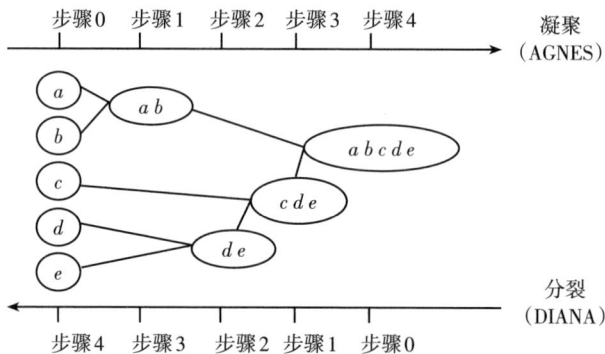

图5.4 凝聚和分裂层次聚类算法示意图

5.4.4　密度聚类方法

由于层次聚类方法和划分聚类方法往往只能发现"类圆形"的聚类。为弥补这一缺陷，发现各种任意形状的聚类，提出密度聚类方法。该类方法认为在整个样本点空间中，各目标类簇是由一群稠密样本点组成的，而这些稠密样本点被低密度区域（噪声）分割，而算法的目的就是要过滤低密度区域，发现稠密样本点。密度聚类方法以数据集在空间分布上的稠密程度为依据进行聚类，无须预先设定簇的数量，特别适合对未知内容的数据集进行聚类。密度聚类方法的基本思想是：只要一个区域中点的密度大于某个域值，就把它加到与之相近的聚类中，对于簇中每个对象，在给定的半径 ε 的邻域中至少要包含最小数目（MinPts）个对象。密度聚类方法的代表算法有DBSCAN算法、OPTICS算法、DENCLUE算法等。

DBSCAN算法是一种高密度连通区域的密度聚类方法，该算法将具有足够高密度的区域划分为簇，并在具有噪声的空间数据集中发现任意形状的簇。它将簇定义为密度相连的点的最大集合。

DBSCAN算法所用到的基本术语如下：

（1）对象的 ε 邻域：给定对象在半径 ε 内的区域。

（2）核心对象：如果一个对象的 ε 邻域至少包含最小数目（MinPts）个对象，则称该对象为核心对象。

（3）边界点：不是核心点，但落在某个核心点的 ε 邻域内。

（4）噪声：不包含在任何簇中的对象被认为是"噪声"。

（5）直接密度可达的：给定一个对象集合 D，如果 p 在 q 的 ε 邻域内，而 q 是一个核心对象，则称 p 从 q 出发是直接密度可达的。（如果 q 是一个核心对象，p 属于 q 的邻域，则称 p 直接密度可达 q。）

（6）密度可达的：如果存在一个对象链 p_1，p_2，…，p_n，$p_1 = q$，$p_n = p$，对 $p_i \in D$，$(1 \leq i \leq n)$，$p_i + 1$ 是从 p_i 关于 ε 和 MinPts 直接密度可达的，则称 p 是从 q 关于 ε 和 MinPts 密度可达的，如图5.5所示。由一个核心对象和其密度可达的所有对象构成一个聚类。

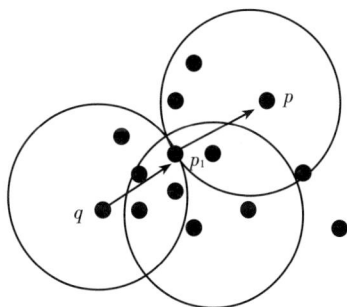

图5.5　密度可达的

（7）密度相连的：如果对象集合 D 中存在一个对象 O 使得 p 和 q 是从 O 关

于 ε 和 MinPts 密度可达的，那么 p 和 q 是关于 ε 和 MinPts 密度相连的，如图 5.6 所示。

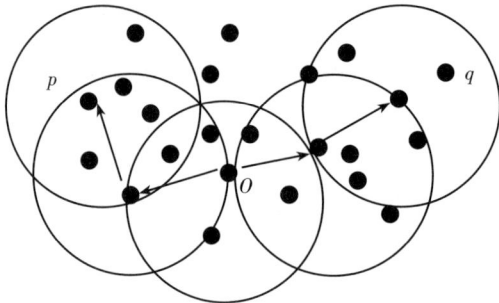

图 5.6　密度相连的

5.5　关联规则

关联规则技术是一种经典的数据挖掘方法，其目的是从大量数据中发现项之间有趣的关联和相关关系。20 世纪 60 年代，Hajek 等人在早期研究中介绍了许多关联规则学习的关键概念和方法，但是主要关注的是数学表达，而不是算法。20 世纪 90 年代初，IBM 公司 Almaden 研究中心的 Agrawal 等人将关联规则学习架构引入数据库社区，在超市内的销售终端系统记录的客户交易大型数据库中寻找商品之间的联系规则，这些规则刻画了客户购买行为模式，可以用来指导商家科学地安排进货、库存及货架设计等。作为一种无监督分析技术，关联规则可以广泛地应用在购物篮分析、网站设计与优化、网络入侵检测、点击流分析、推荐系统、医疗诊断、设备故障诊断和科学数据分析等方面。

5.5.1　基本概念

5.5.1.1　啤酒与尿布的经典案例

购物篮分析是关联规则挖掘的一种特定应用，通过发现顾客放入他们"购物篮"中的商品之间的关联，分析顾客的购物习惯。这种关联的发现可以帮助公司用于多种经营活动。例如，普通产品与高利润或者奢侈品之间的交叉销售，商场相关类别产品的物理或逻辑摆放位置。购物篮分析结果可以用于营销规划、广告策划或者新的分类设计。我们以购物篮分析中的经典案例"啤酒与尿布"来引出关联规则的基本概念和相关术语。

早在20世纪80年代，沃尔玛超市就已经将关联规则应用到了商品管理之中。沃尔玛超市曾经对数据仓库中一年多的原始交易数据进行了详细的分析，发现许多顾客会同时购买尿布与啤酒。原来，许多美国家庭都是妻子在家照顾婴儿，丈夫去超市为婴儿买尿布。丈夫在购买尿布时往往会顺便买两瓶啤酒来犒劳自己。这一现象引起了沃尔玛超市的重视，沃尔玛超市调整了货架的位置，把尿布和啤酒摆在相邻的位置，以便于年轻的爸爸能顺利地找到这两种商品，这种独特的摆放法不仅为同时想要购买尿布和啤酒的年轻爸爸提供了方便，也刺激了仅想单独购买啤酒或尿布的年轻爸爸同时购买两种商品，从而提升超市中尿布和啤酒的销售量。这一实例中的啤酒与尿布的关系为所谓"关联性"，而"关联性"的发掘和利用则需借助本章所要讨论的关联规则挖掘技术。

5.5.1.2　关联规则的概念

不妨假设一个较简单的购物篮分析情景，如表5.4所示。表5.4中列出了面包、牛奶、尿布、啤酒、茶5种商品的销售记录，共10张清单，每张清单都是一个"购物篮"，即顾客选取的一种商品组合。购物篮分析的目标是从给定的销售记录中挖掘和搜索出反复出现的商品之间的联系，即哪些商品频繁地被顾客同时购买。该购物篮分析场景有助于更具体地理解关联规则分析的基本概念，作为本章后续内容的理论基础（本节不介绍如何采用关联规则从这些清单中找出出现次数最频繁的商品组合）。

表5.4　某超市的交易数据库

交易号 TID	顾客购买的商品	交易号 TID	顾客购买的商品
T_1	面包，牛奶，茶	T_6	面包，牛奶，啤酒，尿布，茶
T_2	面包，尿布，啤酒，茶	T_7	啤酒，牛奶，茶
T_3	牛奶，尿布，啤酒	T_8	面包，茶
T_4	面包，牛奶，尿布，茶	T_9	面包，尿布，牛奶，啤酒，茶
T_5	面包，尿布，牛奶	T_{10}	面包，牛奶

一般来说，关联规则挖掘是指从一个大型的数据集中发现有趣的关联或相关关系，即从数据集中识别出频繁出现的属性值集，也称为频繁项集，然后利用这些频繁项集创建描述关联关系规则的过程。

关联规则及其相关的定义如下：

（1）项集。

设 $I = \{i_1, i_2, \cdots, i_m\}$ 是 m 个不同的元素的集合，每个元素 i_i 称为一个项。项的集合 I 称为项集（itemset）。项集中项的个数称为项集的长度，长度为 k 的项集称为 k-项集。表5.4中每个商品就是一个项，项集 $I = \{$面包，牛奶，尿布，啤酒，茶$\}$，I 的长度 $|I| = 5$。

每笔交易 T 是项集 I 的一个子集。对应每一个交易有唯一标识交易号，记作 TID。交易全体构成了交易数据库 D，$|D|$ 等于 D 中交易的个数。表5.4中包含 $T_1 \sim T_{10}$ 共 10 笔交易，因此 $|D| = 10$。其中，$T_1 = \{$面包，牛奶，茶$\}$，为项集 I 的子集，包含面包、牛奶、茶 3 种商品。

（2）关联规则。

关联规则（association rule）一般表示为 $X \rightarrow Y$ 形式，左侧的项集 X 为先决条件，右侧的项集 Y 为关联结果，用于表示数据内隐含的关联性。例如，假定关联规则 "$X \rightarrow Y$" 成立，则表示购买了尿布的顾客往往也会购买啤酒这一商品。

关联规则的有用性和可靠性，由规则的支持度（support）、置信度（confidence）和提升度（lift）来度量。

（3）支持度。

规则的支持度是指在所有项集中 $\{X, Y\}$ 出现的可能性，即项集中同时含有元素 X 和 Y 的概率：$\text{support}(X \rightarrow Y) = P(X, Y)$。该指标作为关联规则有用性的度量标准，衡量了所考察关联规则在"量"上的多少。其意义在于通过最小支持度阈值（minsup）的设定，来剔除那些"出镜率"较低的无意义规则，而相应地保留出现较为频繁的项集所隐含的规则。从商务角度来看，低支持度的规则多半也是无意义的，因为对顾客很少同时购买的商品进行促销可能并无益处。上述过程用公式表示，即筛选出满足：$\text{support}(T) \geq \text{minsup}$ 的项集 T，该项集称为频繁项集（frequent itemset）。

以表5.4为例，当设置最小支持度阈值 minsup=10%，关联规则"尿布→啤酒"的支持度 $\text{support} = \dfrac{4}{10} \times 100\% = 40\%$ 时，意味着所分析的超市所有购买交易中的 40% 显示尿布和啤酒被同时购买。由于关联规则"尿布→啤酒"的支持度大于最小支持度阈值，因此，该规则是有效的。

（4）置信度。

规则的置信度表示在关联规则的先决条件 X 发生的条件下，关联结果 Y 发生的概率，即含有 X 的项集中，同时含有 Y 的可能：$\text{confidence}(X \rightarrow Y) = P(X/Y) =$

$P(X，Y)/P(X)$。该指标是关联规则可靠性的度量标准，衡量了所考察关联规则在"质"上的可靠性。类似地，需要设置最小置信度阈值（minconf）来进一步筛选，最终生成满足需要的关联规则，即 confidence$(X{\rightarrow}Y){\geqslant}$minconf。

以表5.4为例，当设置最小置信度阈值为50%，关联规则"尿布→啤酒"的置信度 confidence $=\frac{4}{6}\times100\%=66.7\%$ 时，意味购买尿布的顾客中有66.7%也购买了啤酒。由于关联规则"尿布→啤酒"的置信度大于最小置信度阈值，因此，该规则是可靠的。

（5）提升度。

提升度表示在含有 X 的条件下同时含有 Y 的可能性与没有这个条件下项集中含有 Y 的可能性之比，即在 Y 自身出现可能性 $P(Y)$ 的基础上，X 的出现对于 Y 的出现 $P(Y/X)$ 的提升程度：$\mathrm{lift}(X{\rightarrow}Y)=\dfrac{P(Y/X)}{P(Y)}=\mathrm{confidence}\,(P(Y)/(X{\rightarrow}Y))$。

提升度与置信度同样用于衡量规则的可靠性，可以看作置信度的一种互补指标。举例来说，2000名消费者中有1000人购买了茶叶，其中有900人同时购买了咖啡，另外100人没有，由于规则的置信度高达900/1000×100%=90%，因此可能认为喜欢喝茶的人同时喜欢喝咖啡。但是，反过来观察，没有购买茶叶的另外1000人中同样有900人购买了咖啡，因此可以得出结论：不爱喝茶的人也爱喝咖啡。这样看来，是否购买咖啡与有没有购买茶叶并没有关联，两者是相互独立的，其提升度为=1。由此可见，在某种程度上提升度弥补了置信度的缺陷，当提升度为1时表示 X 与 Y 相互独立，X 的出现对 Y 出现的可能性没有提升作用，而其值越大（>1），则表明 X 对 Y 的提升程度越大，也表明关联性越强。

根据表5.4中数据，lift（尿布→啤酒)≈1.33 > 1

综上所述，一个关联规则可以用以下关联规则表示：

尿布→啤酒 ［support = 40%；confidence = 66.7%］

该关联规则表示购买了尿布的消费者往往也会购买啤酒，两个购买行为之间具有一定的关联性。规则的支持度反映规则的有用性。表5.4的例子中，支持度为40%，意味所分析的超市所有购买交易中的40%显示尿布和啤酒被同时购买。规则的置信度和提升度反映规则的确定性，表5.4的例子中，置信度为66.7%，意味购买尿布的顾客中有66.7%也购买了啤酒。

（6）关联规则分类。

关联规则可以分为以下几种情况：

① 布尔型关联规则和数值型关联规则。

基于规则或模式中所处理的值类型，关联规则可以分为布尔型关联规则和数值型关联规则。如果考虑关联规则中的数据项是否出现，则这种关联规则是布尔型关联规则。例如，性别＝"女"→职业＝"会计"，是布尔型关联规则。如果规则描述的是量化的项或属性之间的关联，则它是数值型关联规则。例如，职业＝"计算机"→avg（收入）＝9000，属性"收入"是数值类型，所以该关联规则是一个数值型关联规则。但是要注意，关联规则本身不能处理连续型数值变量，寻求这类变量的关联规则前要对数据进行离散化处理，常见处理方法即将该变量转换成类别变量，如高、中、低等。

② 单层关联规则和多层关联规则。

基于关联规则中数据的抽象层次，关联规则可以分为单层关联规则和多层关联规则。在单层关联规则中，所有的项都没有考虑到现实的数据具有多个不同的层次；而在多层关联规则中，对数据的多层性已经进行了充分的考虑。例如，"IBM台式机→SONY打印机"，是一个细节数据上的单层关联规则；"台式机→SONY打印机"，是一个较高层次和细节层次之间的多层关联规则。

③ 单维关联规则和多维关联规则。

基于规则或模式所涉及的维数，关联规则可以分为单维关联规则和多维关联规则。如果关联规则或模式中的项或属性只涉及一个维，则它是单维关联规则。例如，"啤酒→尿布"，该关联规则只涉及购买的商品这个维度。而在多维关联规则中，要处理的数据将会涉及多个维度。例如，年龄（x，"30，…，39"）^收入（x，"50 k，…，70 k"）→购买（x，"iPAD"），该关联规则涉及年龄、收入和购买的商品等多个维度。

一般而言，关联规则挖掘分为两步。

第一步，找出所有的频繁项集。根据定义，这些项集频繁出现的次数至少与预定义的最小支持度计数一样。发现所有的频繁项集是形成关联规则的基础。通过用户定义的最小支持度阈值，寻找所有支持度大于或等于最小支持度阈值的频繁项集。实际上，由于这些频繁项集可能存在包含关系，因此，只需要寻找那些不被其他频繁项集包含的最大频繁项集的集合即可。

第二步，利用频繁项集生成强关联规则。根据定义，这些规则必须满足最小支持度和最小置信度。利用频繁项集生成强关联规则就是逐一测试所有可能生成的关联规则及其对应的支持度和置信度，可以分为以下两步。

• 对于事务数据库 D 中的任一频繁项集 X，生成其所有的非空子集。

● 对于每个非空子集 $x \subset X$，若置信度 confidence$(x \rightarrow (X-x)) \geqslant$ minconf，那么规则 $x \rightarrow (X-x)$ 是强关联规则。

如何迅速高效地发现所有频繁项集，是关联规则挖掘的核心问题，也是衡量关联规则挖掘算法效率的重要问题。一般来说，生成关联规则相对简单，其求解也比较容易，因此，发现频繁项集成为近年来关联规则挖掘算法的重点。发现频繁项集比较经典的算法有 Apriori 算法和 FP-growth 算法，具体讲解参见5.5.2。

5.5.2　频繁项集的产生

格结构（lattice structure）常常用来表示所有可能的项集。一般来说，一个包含 k 个项的数据集可能产生 $2k-1$ 个子集（不包含空集），这些子集称为候选项集（candidate itemset）。项集 $I = \{A, B, C, D, E\}$ 的项集格如图5.7所示，共有31个候选项集。

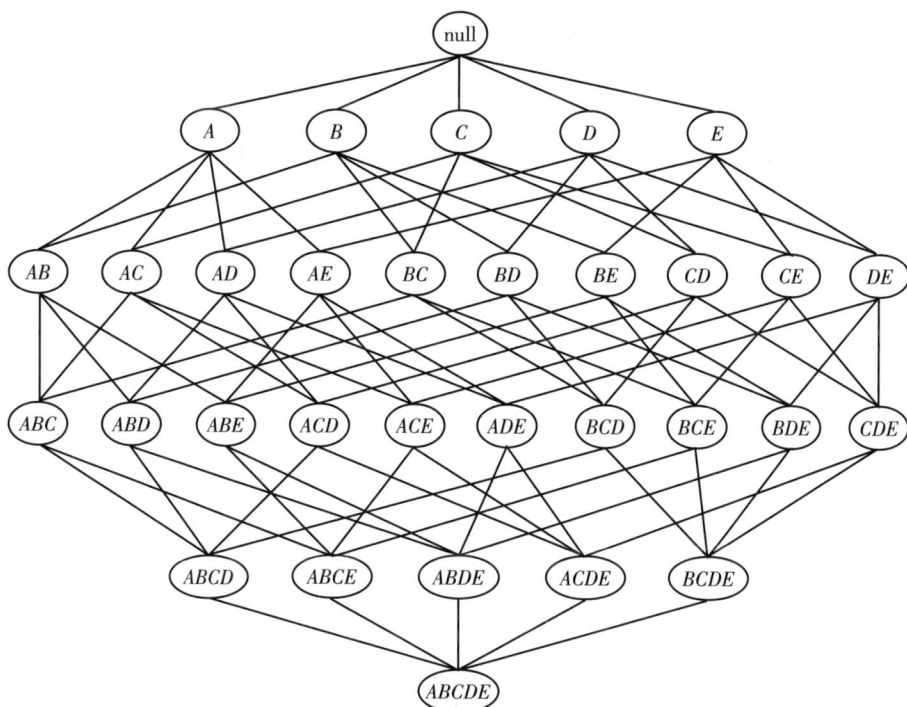

图5.7　项集 $I = \{A, B, C, D, E\}$ 的项集格

发现频繁项集的一种原始方法是确定格结构中每个候选项集的支持度计数，为了完成这一任务，必须将每个候选项集与每个事务进行比较。如果候选项集包含在事务中，则候选项集的支持度计数增加。假设事务数为 N，事务的最大宽度为 s，候选项集的个数为 $M = 2^k - 1$，该方法的时间复杂度为 $O(\text{NMs})$，即需要进行 $O(\text{NMs})$ 次比较，开销非常大。

为了降低频繁项集产生的计算复杂度，可以用如下方法：

（1）减少候选项集的个数。Apriori 算法是其中的典型代表，该算法使用支持度度量，帮助减少频繁项集产生时需要探查的候选项集的个数。

（2）减少比较次数。为了避免将每个候选项集与每个事务相匹配而产生的庞大的比较次数，可以使用更高级的数据结构，或者存储候选项集或者压缩数据集，来减少比较次数。FP-growth 算法使用一种被称为 FP 树的紧凑数据结构组织数据，并直接从该结构中提取频繁项集。

5.5.3 Apriori 算法

Apriori 算法是 Agrawal 和 Srikant 于 1994 年提出的，为布尔型关联规则挖掘频繁项集的原创性算法。Apriori 算法的核心是使用候选项集寻找频繁项集。

5.5.3.1 Apriori 算法的频繁项集产生

Apriori 算法使用一种被称为逐层搜索的迭代方法，k 项集用于搜索 $k + 1$ 项集。首先，找出所有频繁 1 项集的集合 L_1；其次，用 L_1 生成候选 2 项集的集合 C_2；最后，通过探查候选 2 项集的集合来形成频繁 2 项集的集合 L_2。以此类推，使用 L_2 寻找 L_3。如此迭代，直至不能找到频繁 k 项集为止。

Apriori 算法中提高频繁项集逐层搜索效率的方法是减少频繁项集产生时需要探查的候选项集的个数，该方法基于先验性质（Apriori property），从而达到压缩搜索空间的目的。

先验性质：频繁项集的所有非空子集也一定是频繁项集。

证明：根据定义，如果项集 I 不满足最小支持度阈值 minsup，即 $P(I) <$ minsup，则对 I 添加任意项集 A，则有 $P(I \cup A) \leqslant P(I) \leqslant$ minsup 成立，因此，$I \cup A$ 为非频繁项集，即 I 的任意超集均为非频繁项集。性质成立。

该先验性质可引申出两个结论。

结论 1：若 X 为频繁项集，则 X 的所有子集都是频繁项集。

结论 2：若 X 为非频繁项集，则 X 的所有超集均为非频繁项集。

如图 5.8 所示，假定 $\{C, D, E\}$ 是频繁项集，则任何包含项集 $\{C, D, E\}$ 的事务一定包含它的子集 $\{C, D\}$、$\{C, E\}$、$\{D, E\}$、$\{C\}$、$\{D\}$ 和 $\{E\}$。由结论 1 可知，$\{C, D, E\}$ 的所有子集一定也是频繁的。因此，需要找

到最大频繁项集的集合。所有最大频繁项集的子集合，就是所有的频繁项集。

相反，由结论2可知，如果项集 $\{A, B\}$ 是非频繁的，则它的所有超集（图5.8中左边虚线闭合的部分）也一定是非频繁的，那么包含 $\{A, B\}$ 超集的整个子图可以被立即剪枝。这种基于支持度度量修剪指数搜索空间的策略被称为基于支持度的剪枝。这种剪枝策略依赖于支持度度量的一个关键性质，即一个项集的支持度绝不会超过它的子集的支持度。这个性质也被称为支持度度量的反单调性。

利用先验性质，在使用频繁 $k-1$ 项集的集合 L_{k-1} 寻找频繁 k 项集的集合 L_k 时，分两个过程：连接和剪枝。

（1）连接。

L_{k-1} 与其自身进行连接，产生候选 k 项集的集合 C_k。L_{k-1} 中某个元素与其中另一个元素可以执行连接操作的前提是它们中有 $k-2$ 个项是相同的，也就是只有一个项是不同的。例如，项集 $\{I_1, I_2\}$ 与 $\{I_1, I_5\}$ 有共同的 I_1，连接之后产生的项集是 $\{I_1, I_2, I_5\}$；反之，项集 $\{I_1, I_2\}$ 与 $\{I_3, I_4\}$ 没有一个共同的项集，不能进行连接操作。

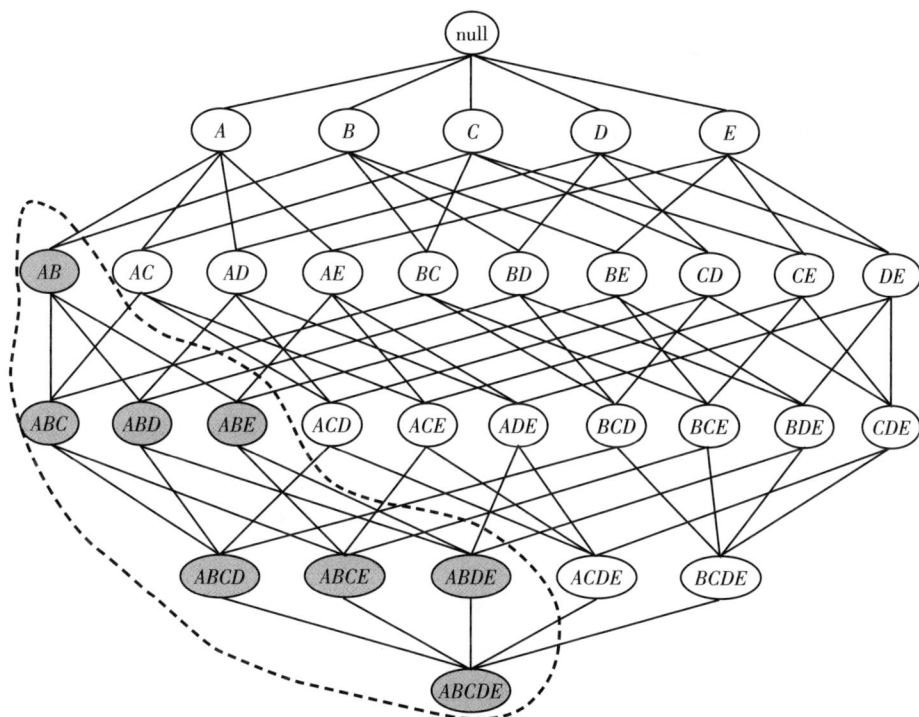

图5.8 先验原理图示

（2）剪枝。

候选k项集的集合C_k中的元素可以是频繁项集，也可以不是。但所有的频繁k项集一定包含在C_k中，所以，C_k是L_k的超集。扫描事务集D，计算C_k中每个候选k项集出现的次数（也称为支持度计数），所有出现次数大于或等于最小支持度计数的候选k项集的集合便组成频繁k项集的集合L_k。

但是，由于C_k很大，因此计算量也会很大。为此，需要压缩C_k，对其进行剪枝。剪枝的依据就是先验性质结论2：任何非频繁的$k-1$项集都不是频繁k项集的子集。根据该结论，可以得出：如果一个$k-1$项集是非频繁的，那么它的超集也一定是非频繁的。因此，如果一个候选k项集的$k-1$项子集不在L_{k-1}中，那么该候选k项集也不可能是频繁的，可以直接从C_k中删除。这种子集测试可以使用所有频繁项集的散列树来快速完成。

【例5.1】以表5.4的某超市交易数据为例，设定最小支持度计数为3（最小支持度阈值minsup=30%）。

① 第一次迭代时，每个项都是候选1项集的集合C_1的成员。算法扫描一次所有的事务，对每个项的出现频次计数。

② 由满足最小支持度的候选1项集组成频繁1项集的集合L_1。注意，由于候选项集{茶}的支持度计数小于3，因此，生成的频繁1项集的集合L_1不包含候选项集{茶}。

③ 发现候选2项集的集合C_2。首先是连接步，使用连接$L_1\otimes L_1$，产生候选2项集的集合C_2。其次是剪枝步，压缩候选项集空间，由于这些候选项集的每个子集都是频繁的，在剪枝步没有候选项集从C_2中删除。最后是计算C_2中每个候选项集的支持度计数。

④ 确定频繁2项集的集合L_2。保留C_2中支持度计数大于或等于3的候选2项集，形成频繁2项集的集合L_2。

⑤ 发现候选3项集的集合C_3。首先是连接步，使用连接$L_2\otimes L_2$，产生候选3项集的集合C_3。其次是剪枝步，压缩候选项集空间，其中，由频繁2项集{面包，尿布}、{尿布，啤酒}进行连接生成的3项集{面包，尿布，啤酒}从候选项集的集合C_3中删除，因为其子集{面包，啤酒}是非频繁的。最后是计算C_3中每个候选项集的支持度计数。

⑥ 确定频繁3项集的集合L_3。保留C_3中支持度计数大于或等于3的候选3项集，形成频繁3项集的集合L_3。

到此为止，频繁3项集的集合只有一个频繁3项集，停止迭代。

5.5.3.2 Apriori算法描述

Apriori算法的具体实现方法如下：

宽度优先搜索整个项集空间，从$k = 0$开始，迭代产生长度为$k + 1$的候选项集的集合C_{k+1}。候选项集是其所有子集都是频繁项集的项集。C_1由I_0中所有的项构成，在第k层产生所有长度为$k + 1$的项集。这由两步完成：第1步是L_k自连接，将L_k中具有相同$k - 1$前缀的项集连接成长度为k的候选项集。第2步是剪枝，如果项集的所有长度为k的子集都在L_k中，则该项集才能作为候选项集被加入C_{k+1}。为了计算所有长度为k的候选项集的支持度，在数据库水平表示方式下，需要扫描一遍数据库。在每次扫描中，对于数据库中的每条交易记录，为其中所包含的所有候选k项集的支持度计数加1。所有频繁k项集被加入L_k。此过程直至C_{k+1}等于空集时结束。

Apriori算法的基本过程如下：

首先扫描所有事务，得到候选1项集C_1，根据支持度要求滤去不满足条件的项集，得到频繁1项集。

下面进行递归运算。

已知频繁k项集（频繁1项集已知），根据频繁k项集中的项，连接得到所有可能的$k + 1$项，并进行剪枝（如果该$k + 1$项集的所有k项子集不都能满足支持度条件，那么该$k + 1$项集被剪掉），得到候选$k + 1$项集的集合C_{k+1}，然后滤去该集合中不满足支持度条件的项集，从而得到频繁$k + 1$项集的集合。如果得到的C_{k+1}项集为空，则算法结束。

连接的方法：假设L_k项集中的所有项都是按照相同的顺序排列的，如果$L_k[i]$和$L_k[j]$中的前$k - 1$项都是完全相同的，而第k项不同，那么$L_k[i]$和$L_k[j]$是可连接的。比如L_2中的$\{i_1, i_2\}$和$\{i_1, i_3\}$就是可连接的，连接之后得到$\{i_1, i_2, i_3\}$，但是$\{i_1, i_2\}$和$\{i_2, i_3\}$是不可连接的，否则将导致项集中出现重复项。

关于剪枝再举例说明一下，如在由L_2生成C_3的过程中，列举得到的3项集包括$\{i_1, i_2, i_3\}$、$\{i_1, i_3, i_5\}$、$\{i_2, i_3, i_4\}$、$\{i_2, i_3, i_5\}$、$\{i_2, i_4, i_5\}$，但是由于$\{i_3, i_4\}$和$\{i_4, i_5\}$没有出现在L_2中，因此$\{i_2, i_3, i_4\}$、$\{i_2, i_3, i_5\}$、$\{i_2, i_4, i_5\}$被剪枝掉了。

对于海量数据，Apriori算法的时空复杂度都不容忽视。

在主程序中，第1步首先扫描整个事务数据库D，统计每个项目（item）的支持数，计算其支持度，将支持度大于或等于最小支持度阈值（minsup）

的项目构成的集合放入 L_1 中；从第2步到第10步，用 $k-1$ 频繁项集构成的 L_{k-1} 生成候选集的集合 C_k，以便从中生成 L_k，其中 apriori_gen 函数（第4步）用来从 L_{k-1} 中生成 C_k，然后对数据库进行扫描（第6步），对于数据库中的每一个交易，subset 函数用来发现此交易包含的所有候选集，并为这些候选集的计数器加1（第7步）。最后满足 minsup 的候选集被放入 L_k 中。

apriori_gen 过程完成两种操作：连接（join）和剪枝（prune）。在连接运算步骤中，频繁 $k-1$ 项集两两进行连接运算生成潜在的 k 项候选集（第2步到第8步），第4步的条件保证不会有重复的候选集生成。在剪枝步骤中（第6步到第7步），利用 Apriori 性质，删除那些存在子集不是频繁项集的候选项集，其中，测试子集是否为频繁项集由过程 Is_include_infrenquent_subset 完成。

5.5.4　FP-growth算法

FP-growth算法与Apriori算法的"候选产生—检查"方式不同，该算法使用一种被称为FP树的紧凑数据结构组织数据，并直接从该数据结构中提取频繁项集。

在许多情况下，Apriori算法显著地压缩了候选项集的规模，并产生很好的性能。但是，该算法存在以下不足：

（1）可能产生大量频繁项集。例如，如果有104个频繁1项集，则Apriori算法需要产生多达107个候选2项集。

（2）可能需要重复地扫描整个数据库，通过模式匹配检查一个很大的候选集合。检查数据库中每个事务来确定候选项集支持度的开销很大。

韩嘉炜等人提出FP-growth算法，其采取分而治之的思路：首先，将代表频繁项集的数据库压缩到一棵频繁模式树（frequent pattern tree，FP树）中，该树仍然保留项集的关联信息。然后，把这种压缩后的数据库划分成一组条件数据库（一种特殊类型的投影数据库），每个数据库关联一个频繁段或"模式段"，并分别挖掘每个条件数据库。对于每个"模式段"，只需要考察与它相关联的数据集。因此，随着被考察的模式的"增长"，这种方法可以显著地压缩被搜索的数据集的大小。由上可知，FP-growth算法包含两个步骤：第1步，构造FP树；第2步，在FP树上挖掘频繁项集。

FP树是一种输入数据的压缩表示，通过逐一读入事务并把每个事务映射到FP树中的一条路径来构造。由于不同的事务可能会有若干相同的项，因此它们的路径可能部分重叠。路径重叠越多，使用FP树结构获得的压缩效果越好。如果FP树足够小，能够存放在内存中，就可以直接从这个内存中的结构提取频繁项集，而不必重复地扫描存放在硬盘上的数据。

FP树算法能够在不生成候选项的情况下，完成Apriori算法的功能。其基本的数据结构，包含一棵FP树和一个项头表，每个项通过一个节点链指向它在树中出现的位置。需要注意的是，项头表需要按照支持度递减排序，在FP树中高支持度节点只能是低支持度节点的祖先节点。

5.5.5 其他关联规则算法

除常用的Apriori算法和FP-growth算法外，很多专家学者在此基础上进行了拓展和研究，提出了很多其他的关联规则算法。本节主要介绍约束性关联规则、增量式关联规则和多层关联规则。

5.5.5.1 约束性关联规则

关联规则挖掘最典型的算法是Apriori、FP-growth或Eclat的改良算法，但这3类算法在挖掘中如果没有用户的参与和控制，就会产生大量冗余无价值的关联规则，使挖掘缺乏针对性。在实际应用中，如识别信用卡欺诈、发现忠诚和潜在客户，用户更希望挖掘出包含某些项的关联规则。另外，管理人员对不同商品的关注程度也不尽相同，他们通常对某些特定商品的销售，如推广新商品、高利润商品，而不是泛泛地发现全部商品的规则。这就需要分析者根据用户的信息需求，设定分析条件，然后对数据库中的数据进行分析，缩减关联规则的数量，快速挖掘出满足用户需求及有价值的信息，而不是在生成的大量冗余规则中自己去筛选需要的关联规则，因此，一类基于约束的关联规则挖掘被提出。

5.5.5.2 增量式关联规则

在实际应用中，数据库不是静止的，它会随着数据记录的增加而不断地改变，根据用户需要，常常要求发现的关联规则能反映数据库的当前状态，从而为决策支持、企业管理等提供理论依据。一个理想的KDD（knowledge discovery in database）系统既应该是高效率的，又应该是能够被有效维护的。衡量的标准就是开发一种有效的算法来更新知识，通过使用先前的知识，而不是重新运行一次挖掘过程。关于关联规则的更新维护问题在KDD系统中成为一个新的挑战。通常，先前发现的部分知识可能是无效的，余下的那部分可能仍然有效。而且新的知识不仅可能存在于已经被发现的知识中，也可能存在于已被更新的数据库中。事实上，在规则维护问题中发现新的知识是最困难和复杂的，那么在旧的数据库中的关联规则怎样高效地被更新的问题就成为每一个完善的数据挖掘系统应该考虑的问题。

关联规则增量式更新算法的核心就是如何利用已挖掘的关联规则，在变化了的数据库或参数上发现新的关联规则、删除失效的关联规则更新维护问题。这些算法高效的关键在于尽可能利用已有的挖掘结果来生成较小的候选项集。

根据实际应用需求，关联规则的更新问题可以分为以下几种情况：

（1）事务数据库不变，最小支持度发生变化时，关联规则的高效更新问题。

（2）最小支持度不变，一个事务数据集 d_1 添加到事务数据库 D 中时，如何生成最新事务数据库（$D \cup d_1$）中的关联规则。

（3）最小支持度不变，从事务数据库 D 中删除一个事务数据集 d_2（$d_2 \subset D$）后，如何高效地生成事务数据库 $D-d_2$ 中的关联规则。

至于其他情况，可由上述3种情况组合而成，因此，这3种情况是更新问题的基础和核心。

5.5.5.3　多层关联规则

现实生活中的许多概念之间存在着层次性。例如，IBM笔记本电脑是笔记本电脑的一种，笔记本电脑又是计算机的一种等，可以把这些相关的概念组织起来形成一棵概念层次树，这就为利用概念层次树进行多层关联规则挖掘提供了可行性。

同时，对于很多应用来说，由于数据库中数据的稀疏性（如超级市场的销售数据库中有上万种不同的商品），在原始数据上进行单层关联规则挖掘很难发现一些有价值的关联规则。当引入概念层次树后就可以在较高的层次上进行挖掘，在多个概念层的项之间寻找有趣的关联比仅在原始层数据之间寻找更容易。

在实际应用中，某些用户可能会要求在概念层次树的较高层进行挖掘，以便能够发现普遍意义上的知识，单层关联规则挖掘只能在原始数据上进行，显然无法满足该要求；多层关联规则挖掘能够在概念层次树的每一层进行挖掘，因此能够满足该要求。

多层关联规则挖掘是基于概念分层进行关联规则的挖掘。概念层次结构通常用概念层次树表示，是各种概念依据抽象程度不同而构成的一个层次结构。它将各层次的概念按从一般到特殊的顺序排列，树中高层概念是低层概念的概括，树根是概念可能取值的最一般的描述，树叶是概念的具体描述。中间节点是在抽象过程中产生的更宏观的概念。我们称概念层次树的树根为树的第零层，树根的子节点属于第一层，依次向下分别称为第二层、第三层等。

5.6　大数据决策软件

SPSS Modeler是一款由IBM官方发布的统计分析与数据挖掘工具，内置性能强大的大数据算法。SPSS Modeler 是领先的可视化数据科学和机器学习解决方案，是一套成熟的商用数据挖掘软件。在图形界面上，通过简单地拖曳图标就能完成复杂的数据分析或挖掘任务。

本节以IBM SPSS Modeler 18.0为例进行展示。

单击：开始>所有程序>IBM SPSS Modeler 18.0>IBM SPSS Modeler 18.0启动IBM SPSS Modeler应用程序，在几秒钟后显示主窗口，见图5.9。

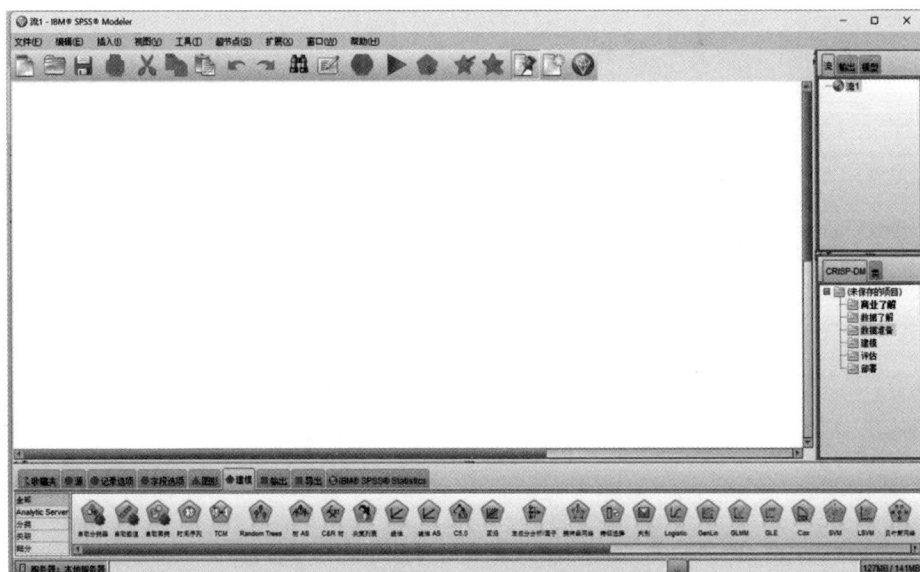

图5.9　IBM SPSS Modele主应用程序窗

5.6.1　IBM SPSS Modeler流工作区

流工作区是IBM SPSS Modeler窗口的最大区域，是构建和操纵数据流的位置。

流是在界面的主工作区中通过绘制与业务相关的数据操作图来创建的。每个操作都用一个图标或节点表示，这些节点通过流链接在一起，流表示数据在各个操作之间的流动。

在IBM SPSS Modeler中，可以在同一流工作区或通过打开新的流工作区来一次处理多个流。会话期间，流存储在IBM SPSS Modeler窗口右上角的"流"管理器中，见图5.10。

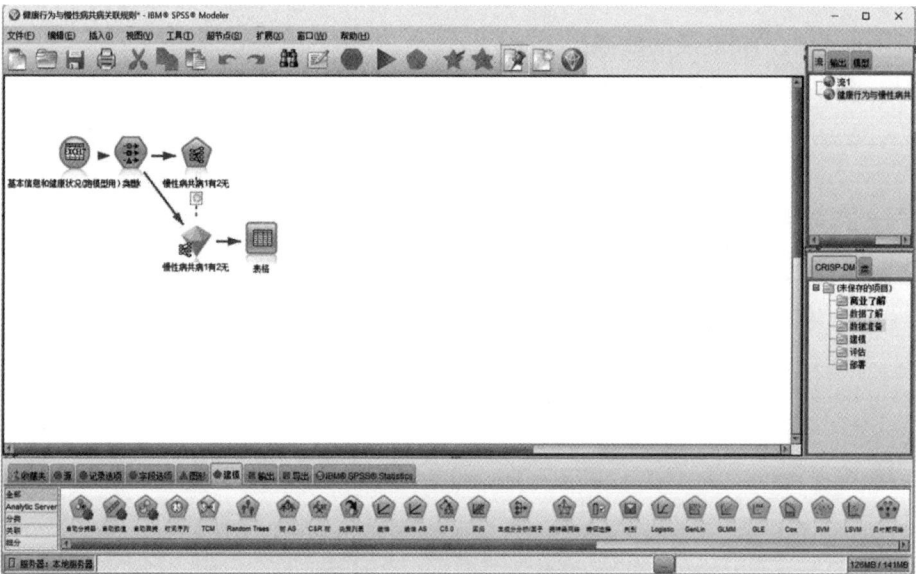

图5.10　IBM SPSS Modeler流

5.6.2　节点选用板

IBM SPSS Modeler中的大部分数据和建模工具可从节点选用板获取，节点选用板位于流工作区下方窗口的底部。双击"节点"选用板中的图标并将节点拖放到工作区上即可以将节点添加到工作区中，将各个图标连接以创建一个表示数据流动的流。

每个节点选用板选项卡均包含一组不同的流操作阶段中使用的相关节点（见图5.11），其中：

（1）源：此类节点将数据引入IBM SPSS Modeler中。

（2）记录选项：此类节点可对数据记录执行选择、合并和追加等操作。

（3）字段选项：此类节点可对数据字段执行操作，如过滤、导出新字段和确定给定字段的测量级别等。

（4）图形：此类节点可在建模前后以图表形式显示数据。图形包括散点图、直方图、网络节点和评估图表。

（5）建模：此类节点可使用IBM SPSS Modeler中提供的建模算法，例如神经网络、决策树、聚类算法和数据序列等。

（6）输出：此类节点生成可在IBM SPSS Modeler中查看的数据、图表和模型等多种输出结果。

（7）导出：此类节点生成可在外部应用程序（如IBM SPSS Data Collection或Excel）中查看的多种输出。

（8）IBM SPSS Statistics：此类节点从IBM SPSS Statistics中导入数据或将数据导出到其中，并用于运行IBM SPSS Statistics过程。

图5.11　IBM SPSS Modeler节点

使用IBM SPSS Modeler处理数据的4个步骤如下：

（1）将节点添加到流工作区。

（2）连接节点以形成流。

（3）指定任意节点或流选项。

（4）运行流。

IBM SPSS Modeler的具体操作可以从IBM SPSS Modeler的帮助菜单中获取在线帮助格式的文档。

【例5.2】基于"银行信贷"中的数据，利用决策树分析客户违约情况。

实验步骤：

（1）从"源"中添加"Statistics文件"节点导入"银行信贷"源数据，添加"类型"节点读取值，从"记录选项"中添加"选择"节点中丢弃缺失值，如图5.12所示。

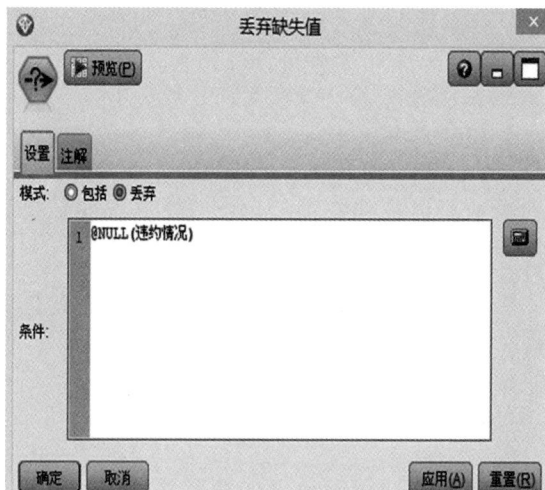

图5.12 在"选择"节点中丢弃缺失值

（2）从"字段选项"组件中添加"分区"节点，按7∶3比例将样本数据分为训练集和测试集，如图5.13所示。从"建模"组件中添加"C5.0"决策树节点，按默认设置运行数据流，在得到的模型后添加"分区"节点，运行，可得到"违约情况"分析结果，如图5.14所示，可以看出培训集违约情况分类准确率达到89.41%，测试集分类准确率达到78.47%，说明C5.0决策树有较好的分类效果。

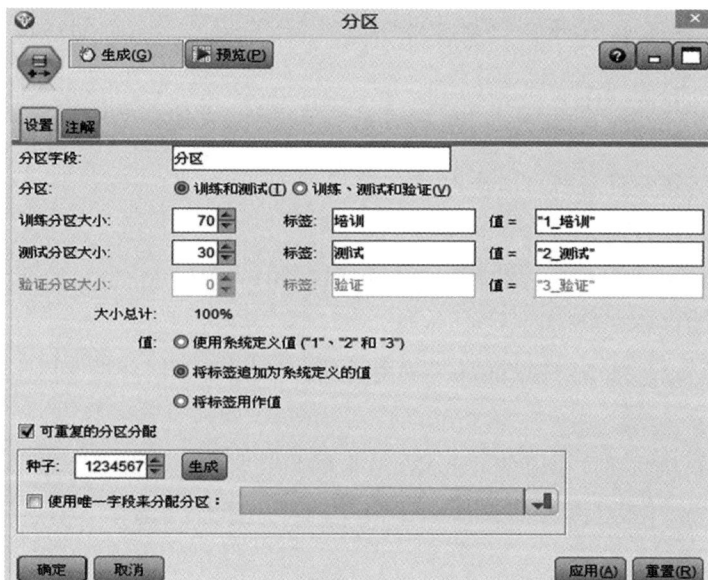

图5.13 "分区"节点设置

```
□ 输出字段 违约情况 的结果
  □ 比较 $C-违约情况 与 违约情况
```

"分区"	1_培训		2_测试	
正确	439	89.41%	164	78.47%
错误	52	10.59%	45	21.53%
总计	491		209	

```
  □ $C-违约情况 的符合矩阵（行表示实际值）
```

"分区"=1_培训	0.000000	1.000000
0.000000	346	15
1.000000	37	93
"分区"=2_测试	0.000000	1.000000
0.000000	137	19
1.000000	26	27

图5.14　违约情况分析结果

（3）在模型后添加"表格"节点将结果输出，整个数据流处理过程及分类后的结果如图5.15与图5.16所示。

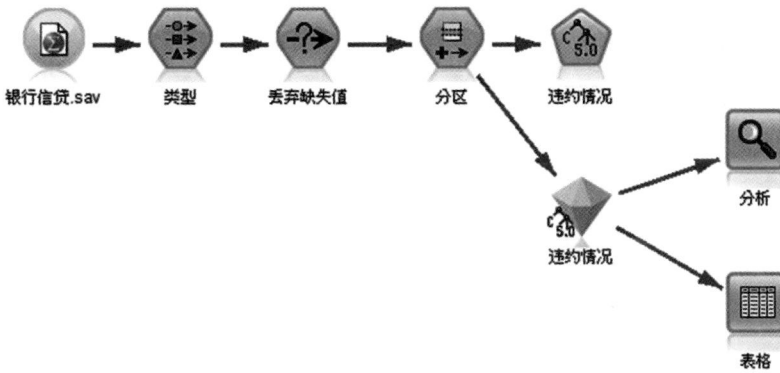

图5.15　数据流处理过程

图5.16　分类结果显示

最后结合大数据分析结果和银行等多方面进行策略部署、实施和反馈。

本章小结

决策要求有一个坚固、可靠的大型数据库作后盾，建立这样一个数据库的任务是极其艰巨的。数据的质量问题也是既令人头疼而又不可以掉以轻心的。虽然数据是宝贵的财富，但是许多公司并不能充分利用这种财富，因为信息隐藏在数据中，并不易被识别。为了在竞争中占得优势地位，必须识别和应用隐藏在所收集的数据中的信息。要提高数据挖掘的质量，就要运用良好的挖掘技术和选择适当的挖掘工具。

分类要解决的问题是为一个事件或对象归类，即确定一个特定的对象属于哪一类。分类模型是通过那些已知历史数据训练出来的。这里用于建立模型的数据称为训练集，通常是已经掌握的历史数据。在训练集中每个对象都被赋予一个类别的标记，不同的类别具有不同的标记。分类就是通过分析训练集（决策表）中的数据，为每个类别作出准确的描述或建立分析模型或挖掘出分类规则，然后用这个分类规则对其他数据对象进行分类。

聚类就是把整个数据分成不同的组，并使组与组之间的差距尽可能大，组内数据的差异尽可能小。与分类不同，聚类之前用户并不知道要把数据分成几组，也不知道分组的具体标准，聚类分析时数据集合的特征是未知的。

关联规则是寻找在同一个事件中出现的不同项的相关性，比如在一次购买活动中所买不同商品的相关性。关联分析即利用关联规则进行数据挖掘。关联规则形式如下：在购买计算机的顾客中，有30%的人也同时购买了打印机。从大量的商务事务记录中发现潜在的关联关系，可以帮助人们作出正确的商务决策。

思考题

（1）什么是数据挖掘？

（2）数据挖掘可分为哪几类？

（3）数据挖掘的任务是什么？

（4）请简述数据分类的过程。

（5）请简述聚类分析方法有哪些。

（6）请阐述关联规则的概念。

第6章　决策系统模型化与仿真

6.1　引言

决策系统模型化与仿真是将现实世界中的系统抽象为可计算的数学模型的过程，系统模型化涉及将复杂的系统抽象为一组变量、关系和规则的描述，以便对系统的行为和性质进行分析、预测和优化。

在决策系统模型化与仿真中，可以通过选择适当的变量和建立它们之间的关系来捕捉系统的关键特征。这些变量可以是系统的状态变量，表示系统在不同时间点上的状态；或者是影响系统行为的输入变量，表示系统受到的外部影响或控制。关系则可以是表示系统内部相互作用的方程、规则、图形或其他形式的表示。通过建立系统模型，可以深入研究系统的动态行为、发现系统内在的关联和非线性效应，并通过模拟和仿真模型来预测系统的未来行为。决策系统模型化与仿真还使得人们能够通过调整模型的参数或输入来优化系统的性能，评估不同策略的效果，并指导决策和政策制定。

因此，决策系统模型化与仿真在科学和工程领域中被广泛地应用。它可以帮助人们理解复杂系统的行为和相互作用，预测系统的发展趋势，优化系统的设计和操作，并支持决策和政策制定。接下来的章节，将深入探讨决策系统模型化、决策系统仿真及其构成要素、模型验证和校准等基本概念，以及决策系统建模的步骤。通过这些内容的学习，可以掌握决策系统模型化与仿真的基本概念和方法，并能够在实际问题中应用决策系统模型化与仿真进行分析和决策。

6.2　决策系统模型化与仿真概述

6.2.1　决策系统模型化

决策系统模型化即模型化，是现代科学和工程领域中一项至关重要的技术。通过将真实世界中的复杂系统转化为可计算的数学模型，人们能够深入理解系统的结构和行为，并对其进行分析、预测和优化。

决策系统模型化特征如下：

（1）决策系统模型化是将现实系统抽象为可计算的数学模型的过程。

（2）决策系统模型化涉及选择关键变量，建立变量之间的关系以及规定模型的参数。

（3）决策系统模型化的目的是深入理解系统的结构和行为，预测系统的动态演化，并支持决策和优化。

（4）决策系统模型化可以采用不同的表示方法，如方程、规则、图形等，来描述系统的动态行为和关系。

通过决策系统模型化能够以更抽象和可操作的方式研究和理解复杂的系统，并从中获得对系统行为和演化的洞察，以应对现实世界中的挑战和问题。

模型化是决策系统仿真研究的关键步骤，模型化的作用如下：

（1）简化复杂性：真实世界中的系统通常非常复杂，涉及大量的变量和相互作用。模型化通过对系统进行抽象和简化，将复杂的现实系统转化为可计算的数学模型。这样可以帮助研究者从复杂的系统中提取出关键的变量和规律，以更好地理解系统的本质和行为。

（2）探索系统内在关联：模型化能够帮助人们发现系统内部的关联和相互作用。通过建立变量之间的关系和规则，可以揭示系统中隐藏的因果关系、反馈循环和非线性效应等。这有助于深入理解系统的结构和行为，并揭示出系统中重要的驱动因素和机制。

（3）预测系统行为：模型化使得人们能够通过模拟和仿真模型来预测系统的行为。通过对模型施加不同的初始条件和输入，人们可以模拟系统的动态演化，并得到对系统未来行为的定量预测。这对于预测系统的趋势、识别潜在的危机和制定相应的应对措施具有重要意义。

（4）优化系统性能：模型化可以用于优化系统的性能，提高效率。通过调整模型中的参数或输入，可以评估不同策略和方案的效果，并找到最佳的操作方案和决策策略。这有助于改进系统的设计、减少资源浪费，并提高系统的整体性能。

（5）支持决策和政策制定：模型化为决策者和政策制定者提供了重要的工具和依据。通过模型化，可以对不同决策和政策的影响进行评估和比较，预测其可能的后果，并帮助作出基于科学依据的决策。这对于解决现实世界中的复杂问题和制定有效的政策具有重要意义。

总而言之，模型化能够帮助人们从抽象的数学模型中获得对系统行为和演化的洞察，从而提高人们对复杂系统的理解能力和决策能力。

6.2.2 决策系统仿真

决策仿真是将仿真技术用于决策问题的方法。如将决策系统的决策因素、决策措施、决策目的等编成仿真程序，输入计算机系统，以求得最佳方案。

决策系统模型化与仿真广泛应用于众多领域，包括但不限于以下几个重要领域：

（1）工程与技术：在工程领域，决策系统模型化被用于设计、分析和优化各种系统，如电力系统、交通系统、通信网络等。通过建立模型，工程师能够预测系统的性能、优化设计和操作策略，并评估不同方案的效果。

（2）经济与金融：在经济学和金融领域，系统模型化被广泛应用于分析市场行为、预测经济趋势和评估政策影响。经济模型可以帮助决策者理解复杂的经济系统和市场机制，并制定相应的政策和策略。

（3）生态与环境：生态学和环境科学研究中，系统模型化有助于研究人员理解生态系统的动态特征、生物多样性的变化以及环境影响。通过模拟和预测，研究人员可以评估人类活动对环境的影响，并制定可持续发展的管理策略。

（4）社会与人文：在社会科学和人文学科中，系统模型化用于研究人类行为、社会网络和文化演化等问题。社会模型可以帮助人们理解社会系统的复杂性、预测社会现象的发展，并指导政策制定和社会干预措施。

6.2.3 决策系统模型化与仿真的构成要素

决策系统模型化与仿真的基本元素包括变量、参数、关系和方程。下面

将详细介绍这些元素以及它们在系统模型中的作用:

（1）变量：变量是模型中用于表示系统状态、属性或观测量的量。它们可以是系统内部的状态变量，如物理量、人口数量等，也可以是外部输入或控制变量，如外部环境因素、政策变量等。变量通常用符号来表示，如 x，y，z 等。在系统模型中，变量用来描述系统状态的变化和相互作用。通过对变量的定义、量化和关系建立，我们可以分析和预测系统的行为。变量可以是离散的（如整数）或连续的（如实数），并可以在模型中通过不同的方程或规则进行描述和更新。

（2）参数：参数是模型中的常量或固定值，用于表示系统中的固有属性、特征或影响程度。参数可以是系统的物理特性、转换效率、影响因子等。它们通常用希腊字母或其他符号表示，如 α，β，γ 等。在系统模型中，参数的作用是调节系统的行为和性质。它们可以影响系统内部变量之间的关系、阈值效应、响应速度等。参数值的不同选择可以导致不同的模型行为和结果。在模型化过程中，参数的估计和校准是非常重要的，关乎模型的准确性和适应性。

（3）关系：关系是变量之间的相互作用和依赖关系。它们描述了变量之间的数学或逻辑关系，并反映了系统内部的结构和行为。关系可以通过方程、规则、图形或其他形式进行表示。在系统模型中，关系用于描述变量之间的交互和影响。它们可以是线性或非线性的，可以包括加法、减法、乘法、除法等运算。关系可以表示因果关系、反馈循环、阈值效应、延迟效应等。通过建立适当的关系，可以揭示系统的行为模式和机制。

（4）方程：方程是模型中用于描述变量之间关系的数学表达式。方程可以是差分方程、微分方程、代数方程等形式。它们通常由变量、参数和数学运算符组成，如加减乘除、指数、对数等。在系统模型中，方程的作用是表示变量之间的关系和动态行为。通过解析方程或数值求解方法，可以模拟和预测系统的行为和演化。方程可以通过实验数据、领域知识和统计方法进行推导和校准，以使模型与实际系统行为相吻合。

总而言之，系统模型的基本元素包括变量、参数、关系和方程。它们相互作用和组合在一起，构成了系统模型的结构和行为描述。通过合理地构建和表示这些元素，人们能够更好地理解和预测系统的行为，并利用模型来进行分析、优化和决策。

6.2.4　决策系统模型验证和校准

验证和校准系统模型是确保模型准确性和可靠性的重要步骤。验证是指通过与实际观测数据进行比较，评估模型的预测能力和拟合程度。校准是指根据观测数据对模型的参数进行调整，使模型更好地拟合实际情况。下面介绍一些常用的验证方法和校准方法：

（1）敏感性分析：敏感性分析用于评估模型输出对于输入变量的变化的敏感程度。它可以帮助识别哪些输入变量对模型结果具有重要影响，以及识别模型中的关键参数。常见的敏感性分析方法包括单变量敏感性分析、全局敏感性分析（如蒙特卡洛方法和全局灵敏度分析）和局部敏感性分析。

（2）模型对比：　模型对比是将不同的模型与实际数据进行比较，以评估模型的拟合度和预测能力。常见的模型对比方法包括残差分析、信息准则（如 AIC 和 BIC）、模型选择准则（如交叉验证和贝叶斯模型比较）等。模型对比可以帮助确定最合适的模型结构和参数。

（3）参数估计和拟合：参数估计和拟合是根据观测数据对模型的参数进行调整，使模型能够更好地拟合实际情况。参数估计可以使用最小二乘法、最大似然估计、贝叶斯估计等方法。拟合过程可以通过迭代优化算法（如梯度下降法）或统计方法（如马尔可夫链蒙特卡洛法）进行。

（4）验证数据集：使用独立的验证数据集来评估模型的预测性能是一种常用的验证方法。将模型拟合到训练数据集上，然后使用验证数据集进行预测，并与实际观测数据进行比较。验证数据集应该是与训练数据集相互独立的数据，以确保对模型的真实泛化能力进行评估。

（5）灵敏度分析和不确定性量化：灵敏度分析用于评估模型输出对于输入变量和参数的变化的敏感程度。不确定性量化方法（如蒙特卡洛模拟、置信区间和贝叶斯推断）可以帮助评估模型的不确定性，并提供关于模型输出的可信度估计。

在验证和校准过程中，重要的是选择适当的验证方法和校准策略，根据模型类型和应用领域的特点进行调整。同时，获取足够的、准确的实际数据对于有效地验证和校准也至关重要。通过不断迭代验证和校准过程，逐步提高模型的准确性和可靠性，从而使其更适用于实际问题的分析和决策。

6.3 决策系统建模过程的步骤

在实践中，建模并没有固定的方法，没有什么步骤可以保证得到一个普适的模型。然而，模型的构建本质上是创造性的，不同的建模者有不同的风格和方法。但成功的建模者都有一些类似的建模步骤。建模过程通常涵盖以下七大步骤：

（1）确定建模目的和范围。

确定建模的目的和预期的输出，明确解决的问题和目标。界定问题的范围和边界，确定建模所涉及的系统范围和影响范围。同时进行系统分析和结构理解，对建模问题涉及的系统进行深入分析，包括识别系统的组成部分、子系统之间的相互作用、信息流动和反馈机制。理解系统的结构、行为和关键要素，以及系统内部的因果关系和动态行为。

（2）确定变量和关系。

确定建模过程中需要考虑的变量和关系，即涉及系统的重要要素和它们之间相互作用。根据系统分析的结果，选择合适的变量，并确定它们之间的因果关系和数学表示。

（3）建立数学模型。

根据确定的变量和关系，建立数学模型来描述系统的行为。常用的表示方法包括差分方程、微分方程、代数方程等。将系统的结构和关系转化为数学方程，并确定模型中的参数。

（4）参数设定和校准。

估计和设定模型中的参数，可以通过实验数据、文献调研、专家意见等。进行模型校准，即将模型的输出与实际观测数据进行比较和调整，以提高模型的准确性和可靠性。

（5）模型验证和评估。

进行模型的验证，通过比较模型的预测结果与实际观测数据，评估模型的准确性和可靠性。使用敏感性分析、模型对比、验证数据集等方法来评估模型的性能和稳健性。

（6）模型应用和解释。

使用决策系统模型化与仿真来分析系统行为、预测未来趋势，并支持决策和政策制定。解释模型的结果和输出，帮助决策者理解模型的意义和作用。

（7）模型更新和改进。

模型是动态的，随着数据的积累和知识的增加，模型需要进行更新和改进。根据新的数据和洞察结果，调整模型的参数、结构和关系，以提高模型的准确性和适应性。

这些步骤是决策系统模型化与仿真的一般过程，具体的步骤和顺序可能会根据问题的复杂性和实际情况而有所变化。在每个步骤中，适当的数据收集、分析和模型验证是至关重要的，以确保模型的准确性和可靠性。

6.3.1 理解问题和目标

在决策系统模型化与仿真之前，明确问题的范围和目标是必要的。这样可以确保建模过程的针对性和有效性，同时提供明确的指导和方向，以便在建模过程中选择适当的变量、界定系统边界，并设计合适的模型结构和验证方法。这样的做法可以提高建模的准确性和可靠性，并使建模过程更加高效和有针对性。以下是在决策系统模型化与仿真之前需要考虑的几个关键点：

（1）问题范围和目标：明确问题的范围和所要解决的具体目标是建模过程的起点。确定问题的范围有助于定义系统的边界，并确定需要考虑的关键要素和变量。具体目标可以是预测系统的未来行为、评估不同策略的影响、优化系统性能等。

（2）系统结构分析：在建立模型之前，需要对系统的结构进行深入分析和理解。这包括确定系统的组成部分、子系统之间的相互作用、信息流动和反馈机制等。通过系统结构分析，可以识别关键要素和关系，为模型的构建提供基础。

（3）系统行为分析：理解系统的行为是建立有效模型的关键。通过对系统行为的观察和分析，可以发现系统中的模式、趋势和非线性效应。了解系统的行为有助于选择合适的数学表示方法和建模技术，以捕捉系统的动态特性。

（4）确定系统边界：系统边界定义了建模范围内的系统范围和影响范围。确定系统边界有助于限定建模的范围，并确定需要考虑的变量和关系。边界的确定需要考虑系统内部和外部因素的影响，并将其纳入建立模型的考虑范围。

（5）界定变量：在决策系统模型化与仿真之前，需要确定涉及的关键变量。这些变量可以是系统内部的状态变量、决策变量、外部输入变量等。界定变量是为了捕捉系统的重要方面，并建立与其相关的数学方程。

总之，在决策系统模型化与仿真之前，明确问题的范围和目标，进行系统结构分析、系统行为分析，确定系统边界和界定变量是非常关键的步骤。这些步骤有助于确保模型的有效性和准确性，并为建模过程提供清晰的指导。

6.3.2　确定系统的边界和界定变量

在建模过程中，选择适当的变量来描述系统的关键特性和行为也是至关重要的。适当的变量选择需要基于系统的目标、问题范围和系统边界。选择过多或不相关的变量可能导致建模过程过于复杂，而选择过少或缺乏关键变量可能导致模型无法准确地反映系统行为。因此，选择适当的变量是确保模型能够捕捉到系统特性和行为的关键因素。确定系统的边界和范围是建模过程中的重要步骤，它有助于简化建模复杂性、识别关键要素、避免信息过载，并提高建模的准确性和有效性。同时，在建模过程中选择适当的变量也至关重要，可以确保模型能够准确地描述系统的关键特性和行为。以下是确定系统边界和界定变量的重要性的讨论：

（1）系统边界的限定：确定系统边界是指明建模所涉及的系统的范围和影响范围。系统可能是一个整体系统，也可能是一个子系统或一个特定的组织单元。界定系统边界可以帮助限定建模的范围，将注意力集中在关键部分，避免过度复杂化和冗余建模。

（2）确定关键要素：确定系统边界有助于识别系统中的关键要素和关系。在系统边界内，关键要素是对系统行为和性能具有重要影响的因素。通过限定系统边界，可以将关注点集中在那些最相关和关键的要素上，避免将注意力分散在不相关的因素上。

（3）简化建模复杂性：系统通常是复杂的，包含许多相互作用的要素和变量。通过确定系统边界，可以将复杂系统简化为可管理的部分，减少建模过程中的复杂性。这有助于提高建模的效率，降低建模难度，并使建模结果更容易被理解和解释。

（4）避免信息过载：在建模过程中，收集和处理大量数据和信息可能是耗时且困难的。通过确定系统边界，可以将注意力集中在较为关键和可获得的数据上，避免信息过载。这有助于提高数据的质量和可靠性，并减少建模过程中的不确定性。

6.3.3 变量间关系

在决策系统模型化与仿真中,有多种方法可以揭示变量之间的关系,帮助人们理解系统的动态行为和相互作用。以下是一些常用的方法:

(1)因果图(causal loop diagram):因果图是一种图形化工具,用于描述变量之间的因果关系。在因果图中,变量以节点的形式表示,而变量之间的因果关系以箭头表示。箭头的方向表示因果关系的方向,箭头上的符号(正号或负号)表示关系的正向或反向。

(2)影响图(influence diagram):影响图是一种图形化工具,用于描述变量之间的影响关系。与因果图类似,影响图使用节点表示变量,但不强调因果关系的方向性。它主要关注变量之间的影响程度和强度,以及它们之间的相互依赖关系。

在决策系统模型化与仿真中,因果图、影响图这两图形化工具的使用具有以下重要性:

(1)可视化变量之间的关系:因果图和影响图提供了一种直观的方式来展示变量之间的关系。通过图形化的表示,人们可以更清晰地理解和展示系统中变量之间的相互作用。

(2)识别正反馈和负反馈循环:因果图特别有助于识别系统中的正反馈和负反馈循环。正反馈循环会导致系统的增长和累积效应,而负反馈循环则具有调节和稳定系统的作用。通过因果图的构建,可以更好地理解这些循环对系统行为的影响。

(3)分析关键因素之间的相互影响:因果图和影响图可以帮助人们识别和分析系统中关键因素之间的相互影响。通过观察图中的变量连接和箭头方向,可以推断不同变量之间的作用机制和影响路径。

(4)支持模型构建和验证:关系图在决策系统模型化与仿真过程中起到了重要的指导作用。它们可以帮助人们确定模型中需要考虑的变量、建立变量之间的数学关系,并验证模型的一致性和合理性。

因此,因果图和影响图作为可视化工具在决策系统模型化与仿真中具有重要的应用价值。它们帮助人们理解系统中变量之间的关系,特别是正反馈和负反馈循环,以及其他关键因素之间的相互影响。通过这两种图形化工具,人们可以更好地分析和解释系统的动态行为,并为建模和决策提供重要的指导。

6.3.4 构建数学模型

将概念模型转化为数学模型涉及将变量和关系转化为数学方程的过程。这一过程可以使用多种数学表示方法，常见的包括差分方程、微分方程和代数方程。下面是对这些表示方法的简要介绍以及选择适合问题的表示方法的指导：

（1）差分方程（difference equation）：差分方程描述了变量之间的离散时间变化关系。它通过使用差分运算符（通常表示为Δ或B）来表示变量之间的差异。差分方程的形式为：$y(t+1) = f(y(t), t)$，其中 $y(t)$ 表示时间点 t 的变量值，f 表示变量之间的关系。差分方程适用于描述离散时间下的系统，如递归关系和时间步进模拟。

（2）微分方程（differential equation）：微分方程描述了变量之间的连续时间变化关系。它使用微分运算符（通常表示为 d/dt 或 d）来表示变量的导数或变化率。微分方程的形式为：dy/dt = $f(y, t)$，其中 dy/dt 表示变量 y 相对于时间 t 的变化率，f 表示变量之间的关系。微分方程适用于描述连续时间下的系统，如物理系统、化学反应和生态系统。

（3）代数方程（algebraic equation）：代数方程是包含了变量和参数的数学方程，它们没有时间的概念，描述的是变量之间的静态关系。代数方程通常以形式化的代数表达式表示。代数方程适用于描述静态系统或稳定状态下的系统，如平衡方程、优化问题等。

在选择适合问题的表示方法时，需要考虑以下几点：

（1）系统的动态特性：如果系统具有明显的时间演化特征，如延迟效应、反馈循环等，差分方程或微分方程可能更适合。

（2）数据的可用性和精度：如果数据是以离散时间点的形式存在，差分方程可能更适合。如果有连续时间的实测数据，微分方程可能更适合。

（3）系统的稳定性和平衡状态：如果系统的关系可以表示为静态的平衡条件或稳定状态，代数方程可能更适合。

（4）建模的复杂性：差分方程和微分方程通常有较高的数学和计算复杂性，而代数方程相对简单。

（5）综合考虑问题的动态特性、数据的可用性、系统的稳定性和建模的复杂性，选择适合问题的数学表示方法。有时候，一个问题可能需要多个表示方法的结合，例如，在系统动力学中，可以使用差分方程来描述离散时间下的变化，而使用微分方程来描述连续时间下的变化。

在将概念模型转化为数学模型时，理解问题的特点和要求非常重要。根据系统的动态特性、数据的可用性和建模的复杂性，选择合适的数学表示方法，将变量和关系转化为相应的数学方程。这样可以确保数学模型能够准确地描述系统的行为，并为后续的模拟、分析和预测提供基础。

6.3.5 模型验证与评估

模型验证的目的是评估模型的准确性和可靠性，以确保模型能够有效地反映实际系统的行为和特征。以下是常用的模型验证方法：

（1）敏感性分析（sensitivity analysis）：敏感性分析用于评估模型输出对输入参数变化的敏感程度。通过对模型中的关键参数进行变化和调整，可以观察模型输出的变化情况。敏感性分析可以帮助识别哪些参数对模型结果具有重要影响，以及模型对参数变化的响应情况。

（2）模型对比（model comparison）：模型对比是将建立的模型与其他已有的模型或实际观测数据进行比较。通过对比模型的输出与其他模型或实际数据的一致性，可以评估模型的准确性和可靠性。模型对比可以揭示模型中可能存在的缺陷和误差，进一步改进和优化模型。

（3）验证数据集（validation dataset）：验证数据集是用于验证模型的独立数据集，与用于建模的数据集不重叠。通过将模型应用于验证数据集并与实际观测数据进行比较，可以评估模型的预测能力和准确性。验证数据集可以提供对模型在未见数据上的表现的评估，帮助判断模型的泛化能力和可靠性。

模型评估的重要性在于它提供了关于模型的性能和可信度的关键信息。以下是模型评估的几个重要方面：

（1）预测能力评估：模型评估应该关注模型的预测能力。通过与实际观测数据进行比较，评估模型的预测准确性和误差程度。这有助于判断模型在未来情景中的预测效果，并确定模型在实际应用中的可行性。

（2）稳定性评估：模型评估还需要考虑模型的稳定性，即模型对输入变化的响应是否合理和一致。通过观察模型在不同条件下的输出变化情况，评估模型的稳定性和可靠性。

（3）鲁棒性评估：模型评估应该考虑模型对不确定性和噪声的鲁棒性，

即模型在面对噪声、不完全数据或参数误差时的表现如何。通过敏感性分析和验证数据集的使用，评估模型对于不确定性和噪声的容忍程度。

综上所述，模型验证是评估模型准确性和可靠性的关键步骤。敏感性分析、模型对比和验证数据集是常用的验证方法，用于评估模型的性能和可信度。模型评估的重要性在于评估模型的预测能力、稳定性和鲁棒性，从而提高模型的可靠性和应用价值

6.3.6 模型的应用与解释

使用决策系统模型化与仿真进行系统行为分析、预测和决策支持可以为决策者提供重要的见解和指导。以下是决策系统模型化与仿真进行分析和决策支持的一般步骤：

（1）系统行为分析：通过模型模拟和仿真，可以观察系统在不同条件下的行为和变化趋势。通过调整模型中的变量和参数，可以研究不同因素对系统行为的影响。系统行为分析可以帮助理解系统的动态特性、探索系统的敏感性和稳定性，并识别出关键变量和因素对系统行为的贡献。

（2）系统预测：基于已有的历史数据和模型的动态模拟，可以使用决策系统模型化与仿真进行系统未来行为的预测。通过模型的预测结果，可以了解系统可能的发展趋势和可能的结果。预测可以帮助决策者制定长期战略、规划资源分配和作出合理的决策。

（3）决策支持：决策系统模型化与仿真可以作为决策支持工具，帮助决策者评估不同决策方案的潜在影响和结果。通过模拟不同决策方案的效果，可以比较不同方案的优劣，并帮助决策者作出理性的决策。决策支持可以包括优化系统性能、降低风险、改善资源利用等方面。

模型的应用范围和局限性应该被认真考虑。以下是一些建议：

（1）数据要求：决策系统模型化与仿真的准确性和可靠性取决于输入数据的质量和可用性。确保使用的数据具有足够的准确性和时效性，并适用于所研究的系统和问题。

（2）模型复杂性：决策系统模型化与仿真可以非常复杂，包含大量的变量和参数。在模型应用时，需要权衡模型的复杂性，确保模型的可理解性和可操作性。

（3）不确定性和敏感性：决策系统模型化与仿真无法完全捕捉系统中的所有复杂性和不确定性。在解释和使用模型结果时，需要认识到模型的局限

性，并考虑到不确定性和敏感性的影响。

同时为解释模型结果，提供以下一些方法：

（1）敏感性分析：通过敏感性分析，可以确定哪些变量和参数对模型结果具有重要影响。这有助于理解系统中的关键驱动因素，并确定决策和干预的优先级。

（2）场景分析：通过模拟不同的场景，可以观察系统在不同条件下的行为和结果。这有助于理解系统对不同情景的响应，并评估决策在不同情景下的效果。

（3）模型输出解释：在解释模型输出时，应该清晰地说明模型的前提和假设，解释模型中的变量和关系，并提供对结果的解释和解读。可视化工具和图形表示可以帮助更好地理解和解释模型结果。

总之，在使用决策系统模型化与仿真进行系统行为分析、预测和决策支持时，需要认识到模型的应用范围和局限性。正确理解模型的结果和解释方法，并结合敏感性分析、场景分析等方法，可以提高模型的应用价值，并为决策者提供有力的支持和指导。

6.3.7 模型的更新与改进

所有的模型都是动态的，并且需要根据新的数据和洞察结果进行更新和改进，以提高模型的准确性和适应性。以下是一些关键步骤和方法，可用于模型的更新和改进：

（1）数据更新：随着时间的推移，可以积累新的数据和观测结果。使用新数据可以更新模型中的参数值，以反映系统的最新状态和行为。通过使用更准确和最新的数据，可以提高模型的预测能力和描述能力。

（2）参数调整：根据新的数据和洞察结果，可以调整模型中的参数值。参数调整可以基于统计分析、优化算法或专家知识。通过仔细评估参数的影响和敏感性，可以优化模型的性能并提高其拟合实际数据的能力。

（3）结构改进：根据新的洞察结果和理论知识，可以对模型的结构进行改进。这可能包括添加新的变量、调整变量之间的关系或引入新的因素。通过改进模型的结构，可以更好地捕捉系统的复杂性和动态特征，提高模型的表达能力。

（4）敏感性分析和验证：对模型进行敏感性分析可以帮助识别模型中的关键因素和参数。通过评估这些因素和参数对模型结果的影响，可以确定哪些方面需要重点关注和改进。验证模型的结果与实际观测数据的一致性也是关键的评估方法，以确认模型的准确性和可靠性。

（5）合作与反馈：在模型更新和改进过程中，与领域专家、决策者和利益相关者的合作和反馈是非常重要的。他们可以为模型改进提供有价值的信息，并确保模型的适应性和实用性。

综上所述，随着数据的积累和知识的增加，模型需要进行更新和改进。通过数据更新、参数调整、结构改进、敏感性分析和验证等方法，可以提高模型的准确性和适应性，并确保模型能够更好地反映实际系统的行为和特征。与利益相关者的合作和反馈是关键，可以确保模型的实用性和有效性。

本章小结

决策系统的模型化与仿真是将现实世界中的复杂系统抽象为可计算的数学模型的过程。这一过程涉及将系统转化为一组变量、关系和规则，以便对其行为和性质进行分析、预测和优化。在模型化过程中，关键特征通过选择适当的状态变量和输入变量来捕捉，前者代表系统在不同时间点的状态，后者则反映外部影响或控制。关系则通过方程、规则、图形等形式展现系统内部的相互作用。

通过建立系统模型，研究者能够深入探讨系统的动态行为，识别内在关联和非线性效应，并利用模拟技术预测系统未来的表现。此外，模型化与仿真还允许通过调整模型参数或输入来优化系统性能，评估不同策略的效果，并为决策和政策制定提供依据。因此，该方法在科学与工程领域被广泛地应用，能够帮助理解复杂系统的行为与相互作用，预测发展趋势，优化设计与操作。

决策系统模型化与仿真的关键要素与步骤，包括决策系统模型化的构成元素、不同类型的模型及表示方法、模型验证与校准等。通过学习这些内容，读者将掌握决策系统模型化与仿真的基本原理与方法，并能在实际问题中应用相关技术进行分析与决策。

思考题

（1）系统模型化的定义是什么？一般的建模过程步骤有哪些？

（2）模型的验证和校准常用的方法是什么？

（3）常见的系统模型类型和表示方法有哪些？

（4）在实际问题中，如何验证和校准系统模型以确保其准确性和可靠性？你可以举出一个案例，描述如何应用验证和校准方法来改进模型的预测能力吗？

第7章 基于系统动力学的建模与仿真

7.1 引言

系统动力学（system dynamics，SD）是福瑞斯特教授为分析生产管理及库存管理等企业问题而提出的系统仿真方法，最初叫工业动态学。系统动力学是一门分析研究信息反馈系统的学科，也是一门认识系统问题和解决系统问题的交叉综合学科。

系统动力学运用"凡系统必有结构，系统结构决定系统功能"的系统科学思想，根据系统内部组成要素互为因果的反馈特点，从系统的内部结构来寻找问题发生的根源，而不是用外部的干扰或随机事件来说明系统的行为性质。

系统动力学采用定性与定量结合的方法，从系统内各变量的因果关系出发，分析各种因素之间构成的因果反馈，建立系统流图和模型，从复杂的现象中分析出这些现象的内在原因及形成机制。系统动力学具备处理时间滞延、信息回馈、非线性问题、动态性复杂的能力和优点，广泛地应用于社会、经济、生态、企业管理等复杂系统决策的实验和制定。

7.2 因果关系图

7.2.1 因果链

反馈是控制论的基本概念，指将系统的输出返回到输入端，并以某种方式改变输入，它们之间存在因果关系的回路，进而影响系统功能的过程。反馈可分为负反馈和正反馈。前者使输出起到与输入相反的作用，使系统输出与系统目标的误差减小，系统趋于稳定；后者使输出起到与输入相似的作用，使系统偏差不断增大，使系统振荡，可以放大控制作用。

因果关系图（causal relationship diagram，CRD）或因果回路图（causal loop diagram，CLD），简称因果图，是一种定性描述系统变量之间相互表示系统反馈结构的重要工具。因果关系图由决策变量和变量之间的关系构成，变量之间的关系称为因果链。

如果事件A（原因）引起事件B（结果），A→B形成因果关系（因果链）。若A增加引起B增加，或若A减少引起B减少，则A→B构成正因果关系（正因果链）；若A增加引起B减少，或若A减少引起B增加，则A→B构成负因果关系（负因果链）。

一张因果关系图包含多个变量，变量之间由标出因果关系的箭头所连接。变量之间由因果链（causal link）联系，因果关系通过箭头表示。图7.1为简单的人口增长因果关系图，出生速率由总人口数和生育比例所决定。每条因果链都有极性，或者为正（+）或者为负（−）。极性指出了当独立变量变化时，相关变量会如何变化。

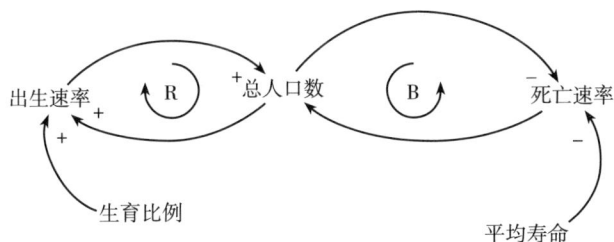

图7.1 人口增长因果关系图

图7.1中，回路标识符号 R 或 + 表示正的（增强型）回路，回路标识符号 B 或 − 表示负的（平衡型）回路。在图7.1的例子中，出生速率比例的增加意味着出生速率（以每年出生人数计）将超过它原来所应有的数字，并且出生率的减少意味着出生速率将低于它原来所应有的数字。也就是说，如果平均生育比例增加，出生速率在总人口数给定的情况下将增加；如果生育比例下降，出生速率将下降。

在图7.1的例子中，平均寿命的增加意味着死亡速率低于其原来所应有的数字，并且出生率的减少意味着出生速率将低于它原来应有的数字。也就是说，如果预期寿命增加，死亡速率将减少；如果预期寿命减少，死亡速率将增加。

7.2.2 因果关系图中的回路

在因果关系图中也会标出重要的反馈回路，因果关系图中的反馈回路是由两个或两个以上的因果链组合成的闭合回路。由于因果链有正负之分，因此因果链组成的因果关系回路也有正负之分。

正因果关系回路是指自身具有加强变化效果能力的闭合回路，也称正反馈回路。这就是说，在正因果关系回路中，当某一变量发生变化时，经过回路的作用会使这种变化进一步加强，使这个变量的变化幅度不断加大。

负因果关系回路是指自身具有抑制变量变化和进行调节能力的闭合回路，也称负反馈回路。在负因果关系回路中，当某一变量发生变化时，经过回路的作用会抑制这一变量的变化，使其变化幅度减小。

判断回路的极性，一般采用下述规则：

规则1：在判断某一回路的正负时，假定回路之外影响回路的所有因素不变。

规则2：在因果关系回路中，如果正负因果链的数目是偶数，回路为正；如果正负因果链的数目是奇数，回路为负。

在因果图中重要回路要求用回路标示符标出，以显示回路为正反馈（增强型）（⤺+ 或 Ⓡ）还是负反馈（平衡型）（⤺- 或 Ⓑ）。注意回路标示符同相关回路朝同一个方向绕圈。

下面将就现实生活中经常碰到的问题，展示如何利用因果关系图来描述和认识这些现象。

【例7.1】教工数

假设教学型高校的在校本科生和教师人数是按一定比例相互增长的，招生人数增加导致教师数量要增加，教师数量增加可以促进学生数量进一步增加，该问题的因果关系如图7.2所示。

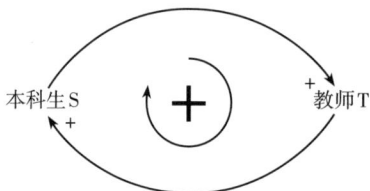

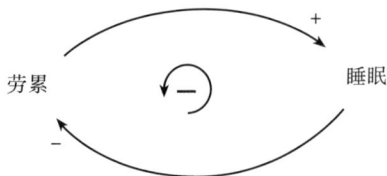

图7.2 教工数　　　　图7.3 劳逸结合

【例7.2】劳逸结合

劳累之后需要休息（比如睡眠），休息之后疲劳将减轻，两者结合便成为一种有控制、有节奏的健康生活。这是一个负反馈的平衡结构，如图7.3所示。

【例7.3】库存系统

图7.4是一张简单库存系统的因果关系图。这张图表明库存随着订货而增加，随着销售而减少，当实际库存低于事先设定的目标库存时就产生了库存偏差，订货的目的则是消除库存偏差。可见，订货是受库存偏差驱动的，并同库存偏差成正比。

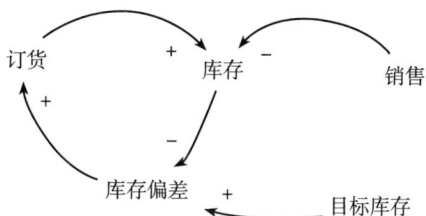

图7.4　简单库存系统的因果关系图

【例7.4】人口系统因果图

人口系统是大家熟悉的系统。研究这个系统，首先要找出系统的关键要素，同时确定系统的边界。人口系统的基本要素有：总人口、出生速率（单位时间内出生的人口，如每年出生的人口）、死亡速率（单位时间内死亡的人口，如每年死亡的人口）、出生率、平均寿命。

如图7.5所示的系统中有两个回路：第一个是出生速率与总人口回路，在这个回路中，出生速率的增加导致总人口的增加，而总人口的增加又会引起出生速率的增加；第二个是死亡速率与总人口回路，在这个回路中，死亡速率的增加导致总人口的减少，而总人口的增加会引起死亡速率的增加。另外，出生率的增加使得出生速率增加，而平均寿命的增加将会起死亡速率的减少。

图7.5　基本人口系统因果关系图

7.2.3　因果关系图应用举例

本节举例说明如何使用因果关系图来对一事件进行建模。该例子显示了因果图如何有助于动态假设的形成，以及如何辨识变量并形成一个能显示变量在相关时限内动态变化的参考模式。

【例7.5】企业绿色创新系统因果关系图

绿色技术创新能力作为一种产出，一方面会提高企业的经济效益，另一方面会降低企业污染治理成本，减少对研发经费的挤占，进而增加研发经费支出。因此从投入—产出—再投入角度，数字化水平、企业研发投入、企业绿色创新能力、企业绿色创新利润这四者构建了企业绿色创新动力传导反馈路径和因果关系图。

假设企业绿色创新系统包含3个主要回路：

（1）企业收入—数字化水平—企业绿色创新技术水平—绿色创新成果—企业绿色创新绩效—企业收入—数字化水平。

（2）企业收入—企业研发动力—企业研发经费投入—绿色创新成果—企业绿色创新绩效—企业收入。

（3）企业收入—企业污染治理投资—企业污染治理成本—企业研发经费投入—绿色创新成果—企业绿色创新绩效—企业收入。

图7.6为根据该动态循环构建的因果关系图。

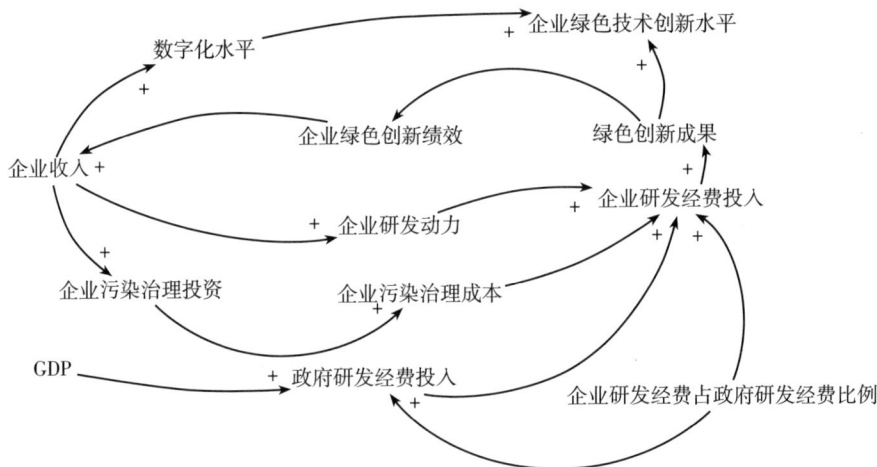

图7.6　企业绿色创新系统因果关系图

如图7.6中3个回路都是正反馈回路。由反馈关系可知，数字化水平提升会提高企业的绿色创新能力。企业绿色创新能力提高会提高政府的研发投入，进一步会提高企业研发投入，研发投入增加就会激励企业有更多的研发成果，提高企业绿色创新技术水平，进而提高企业的绿色创新能力，获取企业经济效益提高企业收入，从而使更多研发经费用于数字化水平的提高。企业污染治理投资会降低企业的污染治理成本，治理成本降低就会进一步提高企业研发经费投入，提高企业绿色创新技术水平，提高企业绿色创新绩效进而提高企业的经济效益。企业研发经费投入会增加企业绿色创新成果，增加企业绿色创新绩效，进一步增加企业的收入，激发企业研发动力，从而增加企业研发投入。

7.3　流图

因果关系图在许多场合中非常有用。很适合相关性和反馈过程，其被有效应用在建模项目的早期，以表达心智模型，也被用来交流建模工作的成果。

然而，因果关系图有其局限性并且很容易被滥用。因果关系图最根本的局限性是它们无法表达系统的存量和流量结构。

流图是在因果关系图的基础上进一步区分变量的性质，用更直观的符号刻画系统要素之间的因果关系，明确系统的反馈形式和控制规律，为深入研究系统打基础的图形表示法。

7.3.1　系统变量分类

（1）状态变量与速率变量。

在反馈系统中，积累环节被称为状态变量（level variable）或存量（stock）。状态变量反映物质、能量、信息等对时间的积累，其取值是系统从初始时刻到特定时刻的物质流动或信息流动积累的结果。例如，制造企业的库存是一个存量，是进货量与出货量的差异随着时间累积而产生的；一个企业的员工数是一个存量，是雇佣与离去之间的差异随着时间累积而产生的；银行账户的余额是一个存量，是存入与取出差异随着时间累积而产生的。速率变量（rate variable）也称作流量（流率），它反映了存量的时间变化，流入和流出之间的差异随着时间累积而产生存量（流位），存量通过流入和流出的积累而改变。

系统动力学使用特定的绘图符号来表示状态变量（存量/流位）与速率变量（流量/流率）。如图7.7所示。

一般结构

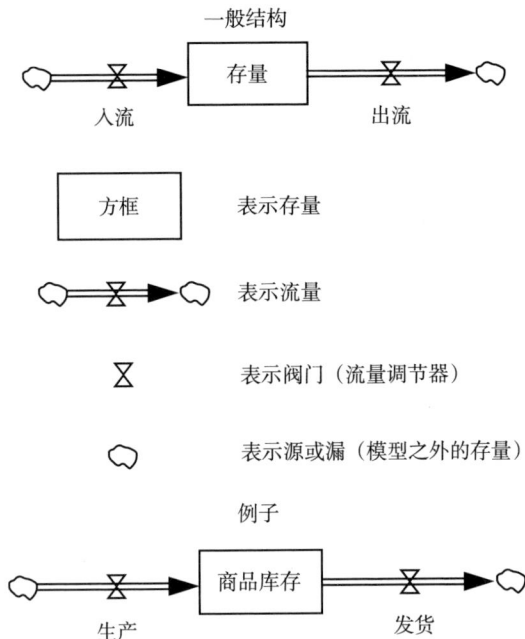

存量

入流　　　　　　　出流

方框　　　表示存量

表示流量

表示阀门（流量调节器）

表示源或漏（模型之外的存量）

例子

商品库存

生产　　　　　　　发货

图7.7　存量与流量绘图符号

所有存量和流量结构都包含这些成分。如图7.7中的例子所示，公司库存是一个存量，随其生产的入流而增加，随其发货的出流而减少。模型中仅考虑这些流量，除非明确指出，其他可能的流量（比如库存缩水或变质）被假定为零。云团意味着原材料的存量永远不会危及生产速率，并且发给客户的产品存量永远不会增加到阻碍发货速率的程度。

存量流量图有精确的数学含义。存量是流量的累积或积分；流入存量的净流量是存量的变化速率。因而图7.7中所表达的结构准确对应于下列积分公式：

$$存量(t) = \int_{t_0}^{t}[入流(s) - 出流(s)]\mathrm{d}s + 存量(t_0) \tag{7.1}$$

式中，入流（s）代表初始时刻t_0和当前时刻t之间任何时刻s时的入流值。

同样的任何存量的净改变速率，也就是其导数，是入流减去出流，从而定义出微分公式：

$$\frac{\mathrm{d}(存量)}{\mathrm{d}t} = 入流(t) - 出流(t) \tag{7.2}$$

系统动力学理论采用由状态决定的系统或状态变量方法。存量变化的唯一方式是入流与出流。反过来，存量决定了流量（见图7.8）。

图7.8 由状态决定的系统

图7.8中，系统状态 = INTEGERAL(净改变速率，系统状态t_0)，净改变速率 = f(系统状态)。

系统通过从系统状态信息到改变状态的流量之间的反馈而演变，图7-8左侧为因果回路表达，其中存量和流量结构不明显。右侧为对于同样反馈回路的明确存量和流量结构。方程式对应存量流量图。存量的净改变速率是存量自身的函数，从而使反馈结构闭合了。

（2）辅助变量与常量。

系统中的决策是根据状态变量的信息决定速率变量的过程，有时从状态变量到速率变量需要中间变量来过渡。辅助变量是状态变量和速率变量之间信息传递和转换过程的中间变量，表达如何根据状态变量计算速率变量的决策过程。辅助变量又称为转换器（auxiliary variable），是分析反馈结构的有效手段，是系统模型化的重要内容。

在研究期内变化非常缓慢或相对不变的存量称为常量，也称外生变量（constant）。常量一般为系统中的局部目标或标准。可以通过直接输入常数给速率变量赋值，或通过输入辅助变量给速率变量赋值。

表7.1汇总了流图中各变量符号及意义。

表7.1 流图变量描述表

名称	符号	描述
存量/状态变量/流位（stock/level）		描述系统的积累效应的变量，反映物质、能量、信息等对时间的积累
流量/流率/速率变量（flow/rate）		描述系统的积累效应变化快慢的变量，也称决策变量
辅助变量（auxiliary）		状态变量和速率变量之间信息传递和转换过程的中间变量
常量/外生变量（constant）		在研究期内变化甚微或相对不变的量

表7.1（续）

名称	符号	描述
源和汇 （source/sink）		源和汇代表模型之外的存量。源为始，汇为终。源点即取之不竭，汇点即填之不满

7.3.2　系统流图

流图是在因果关系图的基础上绘制的，通过对所要研究系统的充分认识和理解，明确表示出系统的物质流、信息流和反馈作用的全貌。因此在绘制流图之前，要收集、整理有关系统诸要素及其相互关系的资料，查清各个环节中存量的意义，进一步分析因果关系图，并做出必要的补充和完善，使之既能完整地显示出系统应有的因果关系和各模块的正确衔接结构，又能正确反映系统中诸要素的数学意义和数量关系。

流图的绘制一般按照如下程序进行：

（1）确定系统的边界。

建立流图的第一步是弄清系统的边界。这里所说的边界，不是一条假想线，而是问题研究中的系统变量要素。系统动力学的研究对象，一般是从涉及范围较大的社会系统中取出来研究的闭合系统。因此定义系统的边界是必要的。系统边界以内诸要素，构成要研究的对象。系统的行为取决于它的内部因素及结构。系统边界内部的变化因素称为系统的内生变量，系统边界以外的变化因素称为外生变量。

确定研究系统的边界的原则是：① 采用深度会谈、系统思考的方法，根据建模的目的，集中相关领域专家与实际工作者、课题研究者的知识，形成定性分析意见，在此磨合基础上确定边界。② 尽可能缩小边界的范围，如果没有该变量要素，仍能达到系统研究的目的，那么就不应该把该要素列为内生变量。

（2）确定回路。

如前所述，系统的回路即反馈环就是系统要素之间的因果关系回路，如果因果关系回路中的某个要素变化，经过回路的作用这种变化表现为无限增长的行为，则该反馈回路为正反馈回路。反之，为负反馈回路。正反馈回路使系统表现为无限增长的行为，负反馈回路使系统具有收敛的行为。如果系统由多个正、负反馈回路组成，而且这些反馈回路之间存在复杂的动态作用，就使系统的整体行为表现出复杂的非线性关系。

（3）区分回路中不同性质的变量。

建立流图的第三步是确定各反馈回路中不同性质的变量。系统动力学中描述系统的重要概念之一就是存量和流量，也就是状态变量和速率变量。

存量是在一定时间内对流量的积累，积累是系统的状态变量。某个时刻系统中流量的积累，就是系统在该时刻的状态。系统动力学就是根据这个状态变量的变化来描述系统的行为特性的。因此，必须明确在每个反馈回路中有几个状态变量，每个状态变量都应有明确的定义。

流量是控制存量的变量，而本书所研究的系统状态总是受控变量。因此，在同一回路中，状态变量和速率变量总是同时存在的。速率变量是决策函数，这里所说的"决策"有概念更广阔的意义。它不仅仅局限于人的决策行为，而是包括人在内的决策机构的决策行为。因此在考虑速率变量时，总要与决策机构相联系。当定义了状态变量和速率变量之后，就为进一步研究它们的函数关系打下了基础。

（4）用流图符号描述和连接系统的各个变量。

在因果关系图的基础上，通过前面三个步骤，就可以使用相应的流图描述符号绘制流图了。

在构建流图的过程中，除了充分掌握基本方法，还需要灵活性。有时多添加一个变量，反而会比较容易表达和理解。例如，在图7.9所示的简单库存系统的流图中，添加库存偏差这个变量后，使得流图表达的内容更容易为人们所理解和接受。

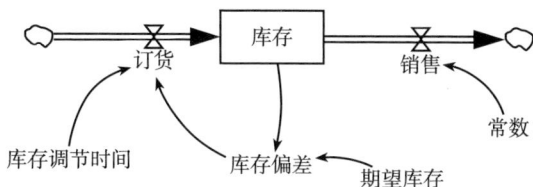

图7.9　简单库存系统的流图

此外，绘制流图时应遵循下列一般原则：

① 一定要有守恒流线流经（流入、流出、同时流入流出）状态变量，状态变量反映了这些守恒流线对时间的积累。

② 只有速率变量能改变状态变量。在同一回路中状态变量与速率变量应该相间存在，而不应该出现状态变量连接状态变量和速率变量连接速率变量

的情况。

③ 经守恒流线与状态变量相连的变量只能是速率变量。

④ 一般情况下，在状态变量上要有信息取出线，在速率变量上要有信息流入线，表示根据系统状态进行决策，对系统实施控制。

⑤ 辅助变量只能有信息流线经过。

⑥ 常量只能有信息取出线。

在绘制过程中，这些原则不仅可以帮助顺利开展工作，也能帮助检查所绘制流图的正确性。

【例7.6】简单库存系统的流图（图7.9）

结合例7.3可知库存是一个存量，订货和销售是流量，对库存管理的目的就是通过订货决策来调节库存，从而满足销售。订货是库存控制所必要的决策。决策的流程是：盘点库存—比较实际库存与期望库存—得到库存偏差—根据库存偏差订货。库存调节时间是消除库存偏差所需要的时间，在此可视为常量。

【例7.7】基本人口系统流图

结合例7.4进一步区分变量的性质，并考虑系统运行原理和建立流图的一般规则，建立流图。根据各个变量的性质很容易判断总人口是存量，出生速率和死亡速率是流量，而出生率和平均寿命可视为常量。于是，可得如图7.10所示的基本人口系统流图。

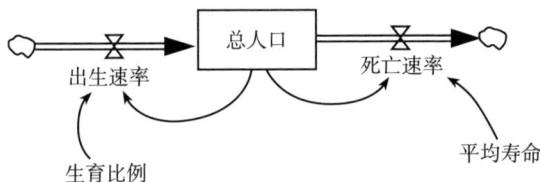

图7.10 基本人口系统流图

7.3.3 流图应用举例

本节结合例7.5研究企业绿色创新系统。

【例7.8】企业绿色创新系统流图

结合例7.5进一步区分变量的性质，并考虑系统运行原理和建立流图的一般规则，建立企业绿色创新系统流图，如图7.11所示。根据各个变量的性质很容易判断GDP和绿色创新成果是存量，GDP增量和年绿色创新成果量是流量，而GDP增速可视为常量。

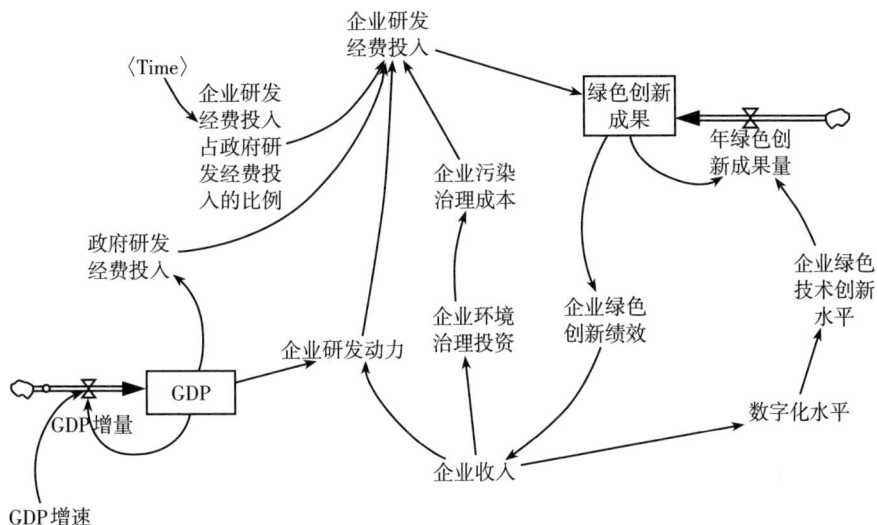

图7.11 企业绿色创新系统流图

7.4 系统动力学方程

系统动力学刻画系统的问题，最终是要建立定量仿真模型。前面所讲的因果关系图和流图从结构上定性地描述了动态复杂系统的整体框架，本节将介绍描述这个框架中各变量之间定量关系的数学方程。系统动力学在流图结构下的数学方程是为上机仿真而建立的定量模型，因此必须满足以下仿真计算的必要条件：

条件1：仿真时间为TIME，即 t。因此方程的自变量为 t，且 $t \geq 0$，增量 $\Delta t \geq 0$，Δt 将对应仿真步长DT。

条件2：仿真必须给初始值，初始值只能由状态变量给出。

此思想来源于微分方程：

$$\frac{\mathrm{dLEV}(t)}{\mathrm{d}t} = \mathrm{RAT}(t)$$

$$\mathrm{LEV}(t)\big|_{t_0} = \mathrm{LEV}(t_0)$$

此微分方程是系统动力学的基本方程。

条件3：系统动力学方程共有五种，分别为积累变量方程（L）、流率变量方程（R）、辅助变量方程（A）、常数方程（C）、初始值方程（N）。这五种方程各自对应着实际管理的状态和规则。

7.4.1 常见变量方程形式

（1）积累变量方程（L）。

积累变量方程，又称流位方程，是系统动力学的基本方程，是描述系统动力学模型中存量（状态变量，LEVEL）变化的方程。根据存量和流量的关系可知，存量是流量变化对时间的积累，可用积分方程来描述。因此流位方程的形式是固定的，即

$$L(t) = L_0 + \int_0^t \left[\sum R_{in}(t) - \sum R_{out}(t) dt \right] \tag{7.3}$$

式中：　　　　$L(t)$——在时刻 t 的状态变量 L 的值；

　　　　　　　L_0——L 的初始值；

　　　　　　$R_{in}(t)$——状态变量的输入流；

　　　　　　$R_{out}(t)$——状态变量的输出流；

$\sum R_{in}(t) - \sum R_{out}(t)$——状态变量的净流入。

以上积分方程表明，状态变量在时刻 t 的值等于状态变量的初始值加上 $[0, t]$ 这段时间净流量变化对时间的积累。在系统动力学中，用差分方程的形式来描述。即

$$L(t) = L(t-DT) + DT \left[\sum Rn(t-DT) - \sum R(t-DT) \right] \tag{7.4}$$

例如，图 7.12 所示简单库存模型在仿真时的流位方程为

$$Inv(t) = Inv(t-DT) + DTx[OR(t-DT) - SR(t-DT)]$$

这个算法是固定的，具有如下特点：

① 流位方程是一个一阶差分方程，具有固定的表现形式；

② 流位是一个有记忆的量，方程中一定有其前一时刻的状态值；

③ 流位方程是将决策变为行动，即将速率变量转换成流位变量的方程，因此方程中含有速率变量；

④ 流位方程是流量的变化对时间的积累，因此方程中一定含有差分步长 DT，并且 DT 只能出现在流位方程中。

（2）流率变量方程（R）。

流率变量方程是定义一个单位时间间隔（DT）内流量形成的方程式，其实质是流量变化的自然规律或人们调节存量的决策规则。例如，在人口问题中，人口的死亡是自然规律，即单位时间内的死亡人数等于总人口除以人口

的平均寿命。而在库存系统中，订货则是决策规则，即人们控制库存的主观愿望。在定期盘点库存控制策略系统中，订货的规则就是消除实际库存与期望库存之间的偏差。

当流量变量方程描述的是自然规律时，可以通过发现某一规律来构造方程；当流率变量方程描述的是人们调节存量的主观愿望，即决策的规则时，可以按图7.12所示的思路构造流率变量方程。

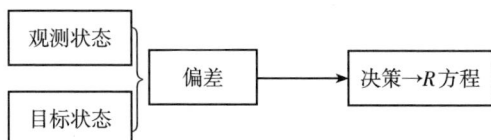

图7.12 构造流率变量方程的一般思路

决策需要信息，管理者通过对这些信息进行加工处理，作出下一步对系统实施控制的决策。决策所需要的信息来源于系统的状态，因此在决策时首先要观测系统的状态，然后将当前状态与心目中的目标状态进行比较，形成状态偏差，这个偏差就是决策的依据。即流率变量方程的实质就是调节系统现实状态与目标状态间偏差的决策规则。

为了更清楚地描述决策过程，流率变量方程中经常包括辅助变量，这些辅助变量都是为描述决策过程而引进的中间变量。所以流率变量方程最终可表示为状态变量和辅助变量、外生变量及常数的函数，即

$$R(t) = f(L(t), A(t), \text{Exo}(t), \text{Const}) \tag{7.5}$$

例如，图7.12所示的简单库存系统中，订货速率的方程为

$$OR(t) = \frac{\text{Error}}{AT} = \frac{\text{Dinv} - \text{Inv}(t)}{AT}$$

（3）辅助变量方程（A）。

从理论上讲，流位方程、流率变量方程、常量和系统的初始条件完全可以计算系统的状态转移过程。但是，如果只用流位方程、流率变量方程、常量和系统的初始条件来描述一个决策过程，速率方程的计算式会过于冗长、复杂，不便于理解，不能清楚地描述决策过程，同时不便于利用中间结果来分析问题。引入辅助变量方程可以较好地解决这些问题。所以当实际决策过程或系统的演变过程较复杂时，可以引入辅助变量，将流率变量方程转化为几个较简单的辅助变量方程。例如，库存系统中，库存偏差（Error = Dinv −

$\ln v(t)$）就用了一个辅助变量方程。

所以，辅助变量方程的主要作用可以概括如下：

① 辅助变量方程是流率变量方程的子方程，用于计算辅助变量的取值；

② 辅助变量方程可以帮助人们更加清楚地描述自然规律或决策过程；

③ 辅助变量方程一般具有实际意义，可以用于对系统进行分析和优化。

在建立辅助变量方程的时候需要注意一些问题，概括起来有以下4点：

① 建立辅助变量方程一般采用跟踪法，按逻辑顺序依次构建；

② 变量之间的运算规则可以根据实际意义确定；

③ 量纲分析是建立辅助变量方程的重要技巧；

④ 辅助变量方程之间不能出现"环"，即辅助变量之间不能形成环状应用或定义，其中要有状态变量解耦。例如，$A = f(B)$，$B = f(C)$，$C = f(A)$就是环状定义，在系统动力学方程中是错误的。如果变量 A，B，C 中有一个是状态变量，上述关系式就是正确的。

7.4.2 应用举例

这里将继续使用7.3节中使用的人口系统、库存系统。在前面已建立的流图的基础上给出其相应的系统仿真方程。

【例7.9】人口系统动力学方程

（1）基本人口系统。图7.13描述了一个基本人口系统。这个系统的系统动力学方程可以描述如下：

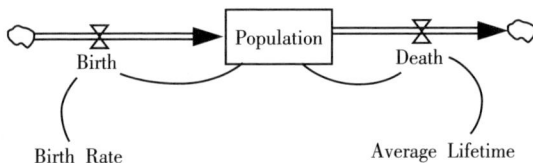

图7.13 基本人口系统

L：$\text{Population}(t) = \text{Population}(t - \text{DT}) + (\text{Birth}(t - \text{DT}) - \text{Death}(t - \text{DT})) \times \text{DT}$

$\text{Population}(t_0) = 100000$

R：$\text{Birth}(t) = \text{Population}(t) \times \text{Birth Rate}$

$\text{Death}(t) = \text{Population}(t)/\text{Average Lifetime}$

（2）按年龄分组的人口系统。图7.14描述了一个按年龄分组的人口系统。其中，D_1为儿童的死亡率，D_2为青年人的死亡率，D_3为老年人的死亡率。

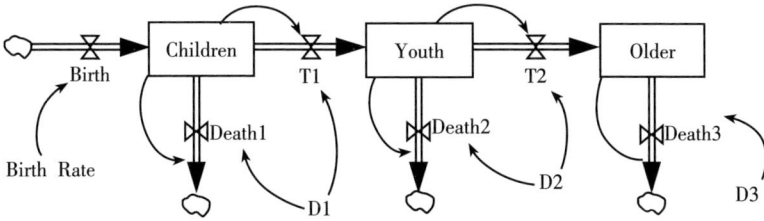

图7.14　按年龄分组的人口系统

该系统方程描述如下：

L：Children(t)=Children$(t-\mathrm{DT})+[\mathrm{Birth}(t-\mathrm{DT})-\mathrm{Death1}(t-\mathrm{DT})-T_1(t-\mathrm{DT})]\times\mathrm{DT}$

L：Youth$(t)=\mathrm{Youth}(t-\mathrm{DT})+[T_1(t-\mathrm{DT})-\mathrm{Death2}(t-\mathrm{DT})-T_2(t-\mathrm{DT})]\times\mathrm{DT}$

L：Older$(t)=\mathrm{Older}(t-\mathrm{DT})+[T_2(t-\mathrm{DT})-\mathrm{Death3}(t-\mathrm{DT})]\times\mathrm{DT}$

R：Birth$(t)=\mathrm{Youth}(t)\times\mathrm{Birth\ Rate}$

R：$T_1(t)=\mathrm{Children}(t)\times(1-D_1)$

R：Death1$(t)=\mathrm{Children}(t)\times D_1$

R：$T_2(t)=\mathrm{Youth}(t)\times(1-D_2)$

R：Death2$(t)=\mathrm{Youth}(t)\times D_2$

R：Death3$(t)=\mathrm{Older}(t)\times D_3$

【例7.10】库存系统动力学方程

基本库存系统。图7.15描述了一个基本库存系统。其中，*AT*表示库存调节时间。

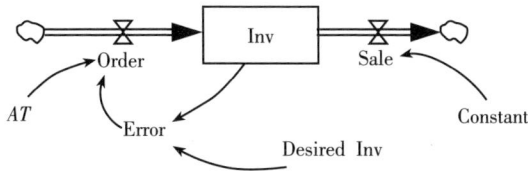

图7.15　基本库存系统

这个系统的仿真方程可以描述如下：

L：In$(t)=\mathrm{Inv}(t-\mathrm{DT})+(\mathrm{Order}(t-\mathrm{DT})-\mathrm{Sale}(t-\mathrm{DT}))\times\mathrm{DT}$

R：Order$(t)=\mathrm{Error}/AT$

A：Error $=\mathrm{Desired\ Inv}-\mathrm{Inv}(t)$

R：Sale$(t)=\mathrm{Constant}$

（3）考虑订货提前期的库存系统。图7.16描述了一个考虑订货提前期的库存系统。其中 OA 为在途库存，DA 为发货速率/到货速率。

这个系统的仿真方程可以描述如下：

L：$\mathrm{Inv}(t) = \mathrm{Inv}(t - \mathrm{DT}) + \left[DA(t - \mathrm{DT}) - \mathrm{Sale}(t - \mathrm{DT}) \right] \times \mathrm{DT}$

R：$DA(t) = OA(t)/\mathrm{Lead\ Time}$

L：$OA(t) = OA(t - \mathrm{DT}) + \left[\mathrm{Order}(t - \mathrm{DT}) - DA(t - \mathrm{DT}) \right] \times \mathrm{DT}$

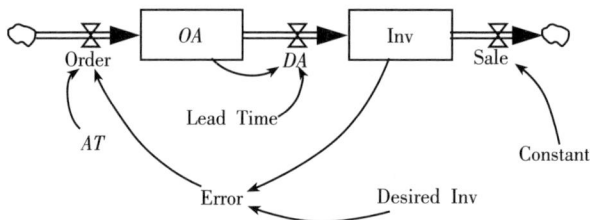

图7.16　考虑订货提前期的库存系统

7.5　系统动力学仿真软件及应用

在用系统动力学的理论和方法对仿真系统进行分析之后，如何针对问题进行建模并进行模拟分析和获得模拟结果呢？这就需要借助计算机语言或相关的软件来实现。

美国 Ventana 公司推出的 Vensim 是得到广泛使用的系统动力学软件之一。本章中模型的建立和绘制均基于 Vensim 软件。目前该软件的最新版本是 Vensim5.5，Vensim 软件可从网站 www.Vensim.com 上免费下载使用。Vensim 是一个可视化的建模与仿真软件，可以描述系统动力学模型的结构，模拟系统的行为，并对模型模拟结果进行分析和优化。

下面以一个简单的生产企业库存模型为例说明 Vensim 软件如何模拟一个连续变化的反馈系统：收货与发货可分别视为仓库的连续输入与输出，若输入等于输出，库存量不变；入大于出，库存增加；反之，库存减少。为简单起见，考虑输入、输出速率为常数的情况，假定每月发货与入库分别为100件和80件，则库存 Inv 每月减少20件，其动态行为是线性的，以图形表示就是随时间变化的直线。

上述用数学式表示就是

$$\mathrm{Inv}_{现在} = \mathrm{Inv}_{过去} + 时间间隔 \times 纯速率$$

如果当初库存为1200件，考虑5个月后的情况，那么就有

$$\text{Inv}(t) = 1200 + 5 \times (80 - 100) = 1100 \text{（件）}$$

用Vensim软件进行模拟时，只需要做出如图7.17所示的结构图。

图7.17　简化库存系统结构

只要给库存量赋初值：1200，Units为件，软件就可以自动生成计算方程：

仓库库存量=INTEG（每月入库量-每月发货量，1200）

给每月入库和发货量赋值80和100，单位为件/月，设置模拟时间为5个月，就可以模拟出结果，如图7.18所示。

上面例子中变化速率是一个固定值，当速率随时间变化时，Vensim软件在模拟时会把连续的时间分割成小的时间间隔（根据需要可以有不同的时间单位），在各小间隔内速率是固定的，然后逐段地加以计算。这实际上是将一个积分差分化。

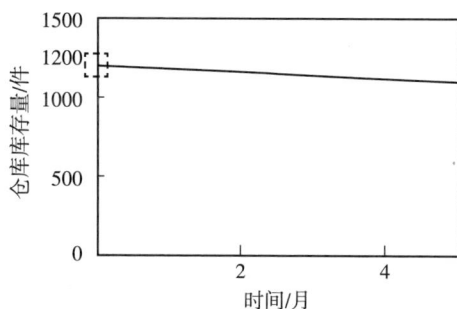

图7.18　简化库存系统模拟结果

上面的库存方程可以表示为

$$\text{Inv}(t) = \text{Inv}(t - \text{DT}) + \text{DT} \times \left[OR(t - \text{DT}) - SH(t - \text{DT}) \right]$$

式中：$\text{Inv}(t)$——库存现有量；

$\text{Inv}(t - \text{DT})$——DT前的库存量；

DT——计算时间间隔；

$OR(t - \text{DT})$——在 $\left[t - \text{DT}, t \right]$ 间隔内收到的订货量；

$SH(t - \text{DT})$——在 $\left[t\text{-DT}, t \right]$ 间隔内的发货量。

Vensim是专门针对反馈系统设计的模拟软件，对于初学者和过去使用过其他系统动力学模拟语言的人都很容易掌握。

本章小结

系统动力学（system dynamics）是一种用于理解和分析复杂系统行为的定量建模方法，旨在揭示系统内在的反馈机制和时间延迟效应。

反馈回路是系统动力学中的核心概念之一，反馈回路是指系统中变量之间相互影响的循环关系。反馈可分为正反馈（增强系统变化）和负反馈（抑制系统变化），二者共同构成了系统的动态特性。

库存是系统中某一时刻所拥有的量（如人口、资源等），而流量则是库存随时间变化的速率（如出生率、消耗率等）。这一对概念有助于分析系统的动态变化。

系统动力学为研究和管理复杂系统提供了一个系统化的方法论，帮助决策者更好地理解系统行为、识别关键因素并制定有效策略。系统动力学解决问题的步骤如下：

（1）问题定义：明确需要研究和解决的问题，识别系统的边界及其相关变量。

（2）构建因果关系图：通过识别变量之间的因果关系，构建因果关系图，以可视化系统的反馈结构。这一阶段有助于理解系统的动态特性。

（3）建立库存流量模型：根据因果关系图，进一步构建包含库存和流量的数学模型，描述系统的动态行为。此模型通常通过差分方程或微分方程表示。

（4）模型仿真：利用计算机软件（如 Vensim）对建立的模型进行仿真，观察系统在不同情境下的行为和响应。这一过程有助于探索政策和策略的潜在影响。

（5）模型验证与校准：通过与实际数据进行比较，验证模型的准确性和可靠性。如果必要，调整模型参数以提高模型的拟合度和预测能力。

（6）政策分析与决策支持：基于仿真结果，评估不同策略对系统的影响，提供决策支持。这一阶段强调对系统行为的深入理解以及政策的长期效果分析。

（7）持续更新与反馈：系统动力学是一个动态的过程，需定期更新和调整模型，以适应环境变化和新的信息。

思考题

（1）如何理解正反馈的增强特性和负反馈的平衡特性？试举出若干现实生活中的实例。

（2）一个系统动力学模型至少要包含哪些主要变量？

（3）利用 Vensim 软件对基本的传染病传播系统和考虑潜伏期的传染病传播系统分别进行仿真，分析、模拟患病人数、未患病人数、感染率随时间的变化情况。

第8章 决策理论与方法应用案例

8.1 我国中老年人慢性病共病与健康相关行为分析

8.1.1 业务背景

随着我国经济的发展和医疗水平的提高，人们的生活水平不断提升，但同时伴随着中老年人群慢性病问题的加剧。研究显示，我国中老年人慢性病患病率为 70.6%，因慢性病具有病因复杂、病程长、预后不良等特点，已成为危害中老年人生命健康的重要因素。世界卫生组织将个体同时患有两种及以上慢性病的现象定义为慢性病共病，如同时患有高血压、糖尿病、心血管疾病等。这些慢性疾病不仅给患者的健康带来威胁，也给家庭和社会带来了巨大的负担，已成为我国需要解决的公共卫生难题。另一项研究表明，2018年我国中老年人慢性病共病率高达55.77%，研究发现中老年人的健康相关行为对其健康状况有着重要影响。健康相关行为指与人类个体健康密切相关的行为，根据行为特征可分为健康促进行为和健康危害行为，健康危害行为的协同作用将大大提高中老年人患慢性病共病的风险，其中吸烟、饮酒等行为是多种慢性病的共同危险因素。提倡健康促进行为的养成，成为防控慢性病共病问题较经济有效的手段。关联规则是一种重要的数据挖掘方法，具有反映事物与事物之间关联性质和程度的优势。因此，本书基于中国健康与养老追踪数据库，采用IBM SPSS Modeler分析探索中老年人慢性病共病与哪些健康相关行为具有关联性，为我国开展中老年人慢性病共病防治工作提供参考。

8.1.2 数据处理

第一步：登录中国健康与养老追踪调查网站，请求 CHARLS Wave 4 (2018) 的数据访问，审核通过截图如图 8.1 所示。

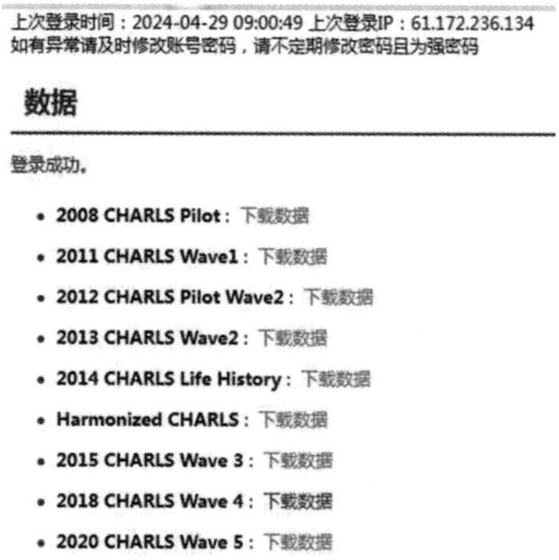
上次登录时间：2024-04-29 09:00:49 上次登录IP：61.172.236.134
如有异常请及时修改账号密码，请不定期修改密码且为强密码
数据
登录成功。
2008 CHARLS Pilot：下载数据
2011 CHARLS Wave1：下载数据
2012 CHARLS Pilot Wave2：下载数据
2013 CHARLS Wave2：下载数据
2014 CHARLS Life History：下载数据
Harmonized CHARLS：下载数据
2015 CHARLS Wave 3：下载数据
2018 CHARLS Wave 4：下载数据
2020 CHARLS Wave 5：下载数据

图8.1　审核通过截图

第二步：数据处理，将研究需要的数据（睡眠时间，高体力活动、中体力活动、低体力活动、吸烟史、饮酒史、社交活动、慢性病共病）筛选出来，去除缺失值，并将数据统一替换为布尔值（T/F），数据处理结果如图8.2所示。

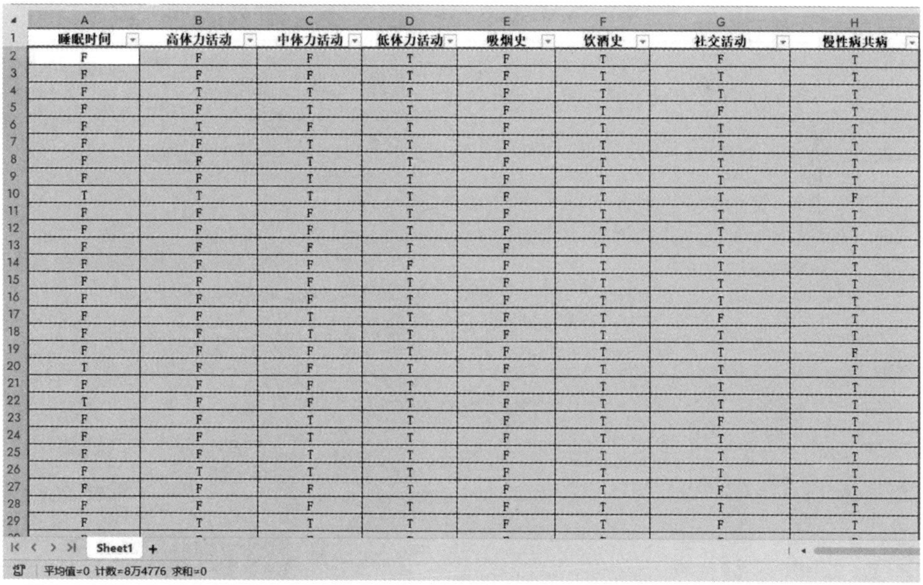

	A	B	C	D	E	F	G	H
1	睡眠时间	高体力活动	中体力活动	低体力活动	吸烟史	饮酒史	社交活动	慢性病共病
2	F	F	F	T	F	T	F	T
3	F	F	F	T	F	T	T	T
4	F	T	T	T	F	T	T	T
5	F	F	T	T	F	T	F	T
6	F	T	F	T	F	T	T	T
7	F	F	T	T	F	T	T	T
8	F	F	T	T	F	T	T	T
9	F	F	T	T	F	T	T	T
10	T	T	T	T	F	T	T	F
11	F	F	F	T	F	T	T	T
12	F	F	F	T	F	T	T	T
13	F	F	F	T	F	T	T	T
14	F	F	F	F	F	T	T	T
15	F	F	F	T	F	T	T	T
16	F	F	F	T	F	T	T	T
17	F	F	T	T	F	T	F	T
18	F	F	T	T	F	T	T	T
19	F	F	F	T	F	T	T	F
20	T	F	F	T	F	T	T	T
21	F	F	F	T	F	T	T	T
22	T	F	F	T	F	T	T	T
23	F	F	T	T	F	T	F	T
24	F	F	T	T	F	T	T	T
25	F	F	T	T	F	T	T	T
26	F	T	T	T	F	T	T	T
27	F	F	F	T	F	T	F	T
28	F	F	F	T	F	T	T	T
29	F	T	T	T	F	T	F	T

Sheet1

平均值=0 计数=8万4776 求和=0

图8.2　数据处理结果

其中，替换规则如下：

睡眠时间：平均每天晚上真正睡着的时间小于6小时的中老年人为T，大于6小时的为F。

高体力活动：进行超过10分钟的高强度体体力活动的中老年人为T，小于10分钟的为F。

中体力活动：进行超过10分钟的中强度体力活动的中老年人为T，小于10分钟的为F。

低体力活动：进行超过10分钟的低强度体力活动的中老年人为T，小于10分钟的为F。

吸烟史：吸过烟的为T，没吸过烟的为F。

饮酒史：喝过酒的为T，没喝过酒的为F。

社交活动：只要有（① 串门、跟朋友交往；② 打麻将、下棋、打牌、去社区活动室；③ 向不住在一起的亲人、朋友或者邻居提供帮助；④ 跳舞、健身、练气功等；⑤ 参加社团组织活动；⑥ 参加志愿者活动或者慈善活动；⑦ 照顾不住在一起的病人或残疾人；⑧ 上学或者参加培训课程；⑨ 炒股（基金及其他金融证券）；⑩ 上网；⑪ 其他社交活动）中的任意一项就代表有社交活动为T，没有的为F。

慢性病共病：同时患两项及以上慢性病为T，反之为F。

8.1.3　建模

第一步：将经过数据处理的Excel文件导入IBM SPPS Modeler中，并将值的输入从读取改为传递，如图8.3所示，并预览，如图8.4所示。

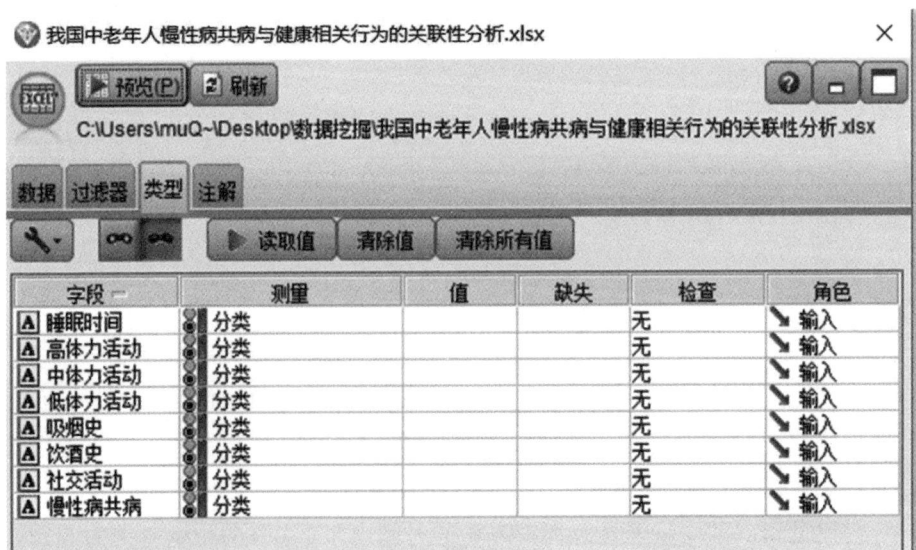

图8.3　导入文件

	睡眠时间	高体力活动	中体力活动	低体力活动	吸烟史	饮酒史	社交活动	慢性病共病
1	F	F	F	T	F	T	F	T
2	F	F	F	T	F	T	T	T
3	F	T	T	T	F	T	T	T
4	F	T	T	T	F	T	T	T
5	F	T	T	T	F	T	T	T
6	F	T	T	T	F	T	T	T
7	F	T	T	T	F	T	T	T
8	F	T	T	T	F	T	T	T
9	T	T	T	T	F	T	T	T
10	F	F	F	T	F	T	T	T

图8.4　预览结果

第二步：传递类型，由于这项研究的字段数据类型皆为布尔值，因此将传递的值的类型指定为T/F，并将角色模式改为任意，如图8.5所示。

图8.5　传递类型

第三步：建立关联规则模型。关联规则算法是数据挖掘的重要算法之一，其核心思想是利用递推和迭代的算法分析频繁项集中的潜在关联规则，具有反映不同事物之间关联强度的特征，常用支持度、置信度和提升度3个指标对产生的关联规则进行评价。支持度是指在数据集 W 中，事物A和事物B同时发生的概率，在关联分析中可以确定频繁项集。公式为：Support（A→B）= Num（A∪B）/W = $P(A \cap B)$，支持度越高，表明事物A和事物B同时发生的概率越高。置信度是指在数据集 W 中，事物A发生的前提下，发生事物B的概率，是衡量关联规则可信度的重要指标。公式为：Confidence（A→B）= Support（A→B）/Support（A）= $P(B|A)$，置信度越高，表明该关联规则的可信度越

高，通常置信度大于50%时，可视为"强关联规则"。

为探索中老年人慢性病共病与哪些健康相关行为具有关联性，将慢性病共病放置在后项，将其余健康相关行为放置在前项，并定义最低条件支持度为4.0，最小规则置信度为75.0%，如图8.6、图8.7所示，关联分析结果如图8.8所示。

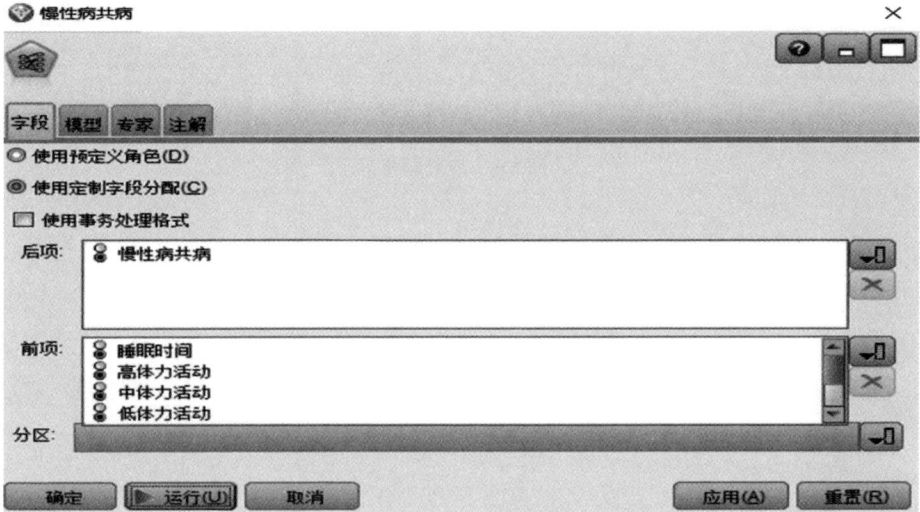

图8.6 字段分类

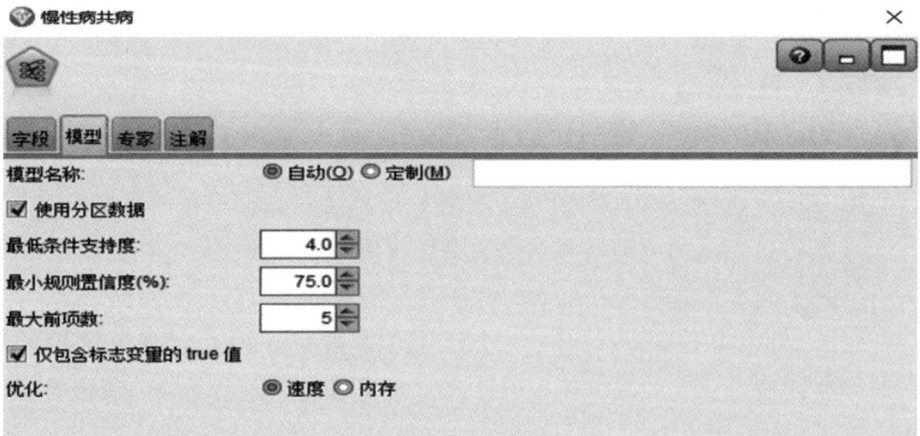

图8.7 模型定义

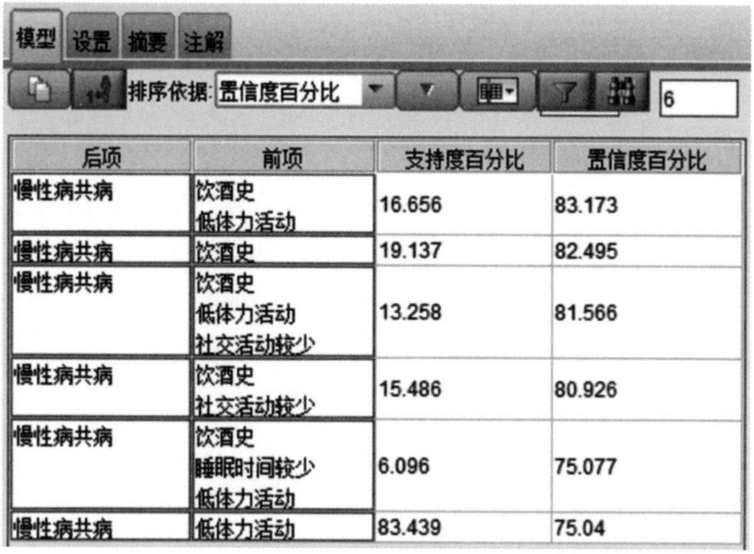

后项	前项	支持度百分比	置信度百分比
慢性病共病	饮酒史 低体力活动	16.656	83.173
慢性病共病	饮酒史	19.137	82.495
慢性病共病	饮酒史 低体力活动 社交活动较少	13.258	81.566
慢性病共病	饮酒史 社交活动较少	15.486	80.926
慢性病共病	饮酒史 睡眠时间较少 低体力活动	6.096	75.077
慢性病共病	低体力活动	83.439	75.04

图8.8　关联分析结果

8.1.4　结论及分析

我国中老年人健康相关行为与慢性病共病的关联规则分析，以6.0%的最小支持度、75.0%的最小置信度为关联标准，探讨中老年人健康相关行为与慢性病共病的关联规则，最终共产生6条强关联规则，见图8.8。

结果显示，具有饮酒史、低体力活动的中老年人患慢性病共病的置信度为83.173%，具有饮酒史的中老年人患慢性病共病的置信度为 82.495%，具有饮酒史、低体力活动、社交活动较少的中老年人患慢性病共病的置信度为81.566%，具有饮酒史、社交活动较少的中老年人患慢性病共病的置信度为80.926%。具有低体力活动、饮酒史以及睡眠时间较少的中老年人患慢性病共病的置信度为75.077%，具有低体力活动的中老年人患慢性病共病的置信度为75.04%。

本研究应用2018年CHARLS 数据库，分析了我国中老年人慢性病共病与五种健康相关行为的关联组合与强度。结果显示，中老年人群中，慢性病共病主要围绕有饮酒史和低体力活动为核心形成强关联规则，其中置信度最高的为饮酒史+低体力活动（83.173%）。研究认为，是否长期饮酒是影响中老年人日间活动的重要因素，饮酒过度将影响个体的白天精力，增加日间睡眠时长，间接影响体力活动的投入；而睡眠过长则会直接减少个体的白天活动时长和社交活动的投入。世界卫生组织相关报告指出，体力活动不足会使人们患心脏病、糖尿病和中风等慢性病的风险增加20%～30%，已成为全球慢性病发病的主要危险因素之一。因此，我国中老年人慢性病共病情况严峻，随着我国人口老龄化程度加重，未来中老年人慢性病共病率可能会进一步提高。本研究显示，低体力活动、睡眠不足、无社交活动、吸烟、饮酒等危险行为因素在中老年慢性病共病患者群体中普遍存在。虽然部分健康相关行为之间无内在联系，但在其各自产生的负面影响协同效应下，中老年人患慢性病共病的风险大大提高。因此，加强中老年人健康行为的协同管理是防治慢性病共病的重要方式，卫生工作人员可针对不同人群的特点开展精准化的健康教育方案，控制慢性病共病患病率的上升趋势。

8.2 职工长护险独立筹资机制的系统动力学仿真

8.2.1 研究背景

长期护理保险（简称长护险）作为我国社会保险制度的一项重要组成部分，主要是为了帮助国民防范随着年龄增长、身体健康状况下降所带来的失能风险。这项制度的主要目标是帮助失能人员，让这部分群体享受到应有的护理服务，为失能人员补偿在享受护理服务过程中所产生的护理费用，从而为这些失能人员的家庭提供必要的、经济上的支持和帮助，更好地促进制度的发展、保障失能群体的权益。

随着老龄化形势的加重、失能人口的增多，国内外对长护险的研究较多且较为丰富。通过梳理国内试点城市的现状、借鉴国外社会保险国家长护险的发展经验发现：我国大部分试点城市采用现收现付的财务模式，保持长护险资金运行过程中的当期平衡，适度减轻筹资压力；国外提倡多元主体共担筹资责任，鼓励个人、企业、政府等主体共同参与长护险筹资，各自承担相应的责任，共同促进制度的可持续发展。

在整个长护险制度的运行中，筹资机制需要为其提供充足的资金，以确保制度的正常运转。目前我国大部分城市尚未实现建立独立的筹资机制，但众多学者认为，为了长护险制度的长远发展，建设独立的筹资机制是必然之举，本节利用系统动力学仿真积极探索长护险的独立筹资机制，以促进制度本身的持续发展。

本节首先通过ILO筹资模型对该筹资机制下职工长护险的筹资比率进行

了测算。为了进一步判断职工长护险独立筹资机制是否具有可行性，构建职工长护险筹资机制系统动力学模型，以筹资机制的基金结余情况为衡量机制是否具有可行性的标准，以上海市为例对独立筹资的长护险筹资机制作进一步研究，对上海市职工长护险独立筹资机制的可行性进行分析。

8.2.2　长护险筹资机制仿真模型构建

（1）筹资机制系统动力学模型建模目的。

长护险筹资机制是长期护理保险系统运行的基础。长护险基金的收支结余情况是长护险筹资机制是否具有可行性的重要评判指标，其对于长护险筹资机制的研究是十分重要的。本节将上海市长期护理保险筹资机制的建立原则确定为"以支定收，收支平衡，略有结余"。职工长护险筹资机制受到人口、经济等多重因素的影响，各因素间的相互作用会对长护险基金收支结余情况产生影响，与此同时，长护险基金的收支情况又直接关系到长护险筹资机制是否能够长期稳定可持续发展。因此，本节选择用系统动力学方法，建立上海市职工长护险筹资机制系统动力学模型，并进行参数调整预测分析，以期能够为制度发展提供建设性意见。

（2）筹资机制系统动力学模型研究假设。

本节基于以下研究假设构建上海市职工长护险筹资机制系统动力学模型：

第一，假定上海市职工长护险筹资机制为"独立型"，基金来源于独立筹资，不依赖于医疗保险基金，也不依赖于政府的财政补贴（基金发生赤字时）与保险机构的投资运营收益。

第二，假定长护险参保对象跟随职工基本医疗保险，保障对象是退休后享受保险待遇且经相关机构评估确认失能的群体。

第三，假定筹资渠道为个人、单位、政府三方共担，参保人缴费额相同。缴费基数为职工年度平均工资。

第四，筹资比率参照已有ILO筹资模型的测算结果0.732%，各责任主体筹资比率设定个人负担30%、单位负担30%、政府负担40%，经计算可得个人筹资比率约为0.22%、单位为0.22%、政府为0.292%。

第五，假定以2022年相关数据作为基期数据，预测年限为2025—2040。

第六，假定社会经济不存在大幅度波动，保持较为稳定的增长趋势。

（3）筹资机制系统框架。

本节运用系统动力学方法构建上海市职工长护险筹资机制的系统动力学

模型，通过对模型运行下筹资机制的基金结余状况，判断筹资机制是否能持续运行。长护险基金的结余在整个模型中由基金的收入系统和支出系统决定，即长护险基金的收入与支出相互影响、相互制约，共同影响基金结余。而在系统中，长护险基金的收入和支出都会受人口因素和经济因素的影响。筹资机制系统框架图如图8.9所示。

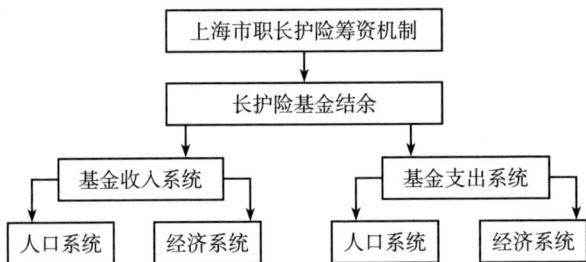

图8.9　上海市职工长护险筹资机制系统框架图

（4）因果关系图建立与分析。

第一，因果关系图构建。运用系统动力学模型进行仿真分析，因果关系的构建十分重要，它能直观地反映出各变量之间的关系，因果关系图由反馈回路构成，"+"符号表示正反馈，即变量A的增加使得变量B同时增加，"－"符号则相反，为负反馈，变量A的增加使得变量B减少。在对研究对象进行系统剖析的基础上，绘制职工长护险筹资机制系统因果关系图，见图8.10，具体分析见下文。

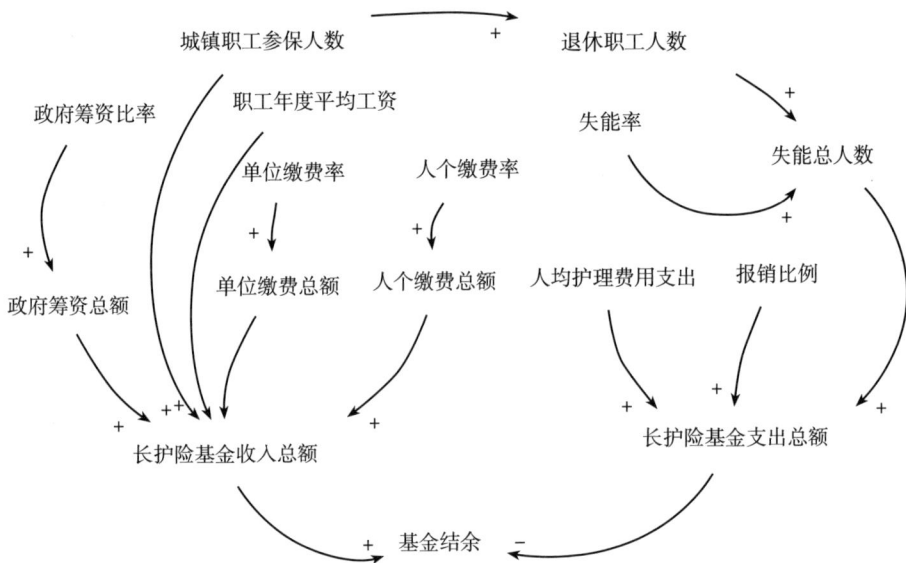

图8.10　上海市职工长护险筹资机制因果关系图

第二，职工长护险筹资机制因果关系图分析。在上海市职工长护险筹资机制系统中，主要包含以下具有因果关系的影响因素：城镇职工参保人数、政府筹资比率、个人缴费率、个人缴费总额、单位缴费率、单位缴费总额、失能率、退休职工人数、失能总人数、人均护理费用支出、报销比例、长护险基金支出总额、长护险基金收入总额、基金结余等。图中各因素被箭头连接起来，箭头符号表示各因素之间的正负反馈关系，即各因素间的正向影响关系或负向影响关系。本书构建的筹资机制系统动力学模型分为两个子系统，分别是长护险基金收入子系统和长护险基金支出子系统。这些系统中的各变量之间相互关联、制衡，最终影响长护险基金结余，因果关系图中的变量也分别归类于这两个子系统之中。对于长护险筹资机制因果关系图中基金收入系统、支出系统及基金结余的分析如下。

长护险基金收入子系统包含城镇职工参保人数、平均工资、个人缴费总额、单位缴费总额、政府补贴总额等。其中，职工长护险基金收入受职工参保人数、单位缴费总额、个人缴费率政府补贴总额的正向影响，即这些变量数值的增加会导致职工长护险基金收入的增加，各因素间形成一个正向的反馈回路。

长护险基金支出子系统包含退休职工人数、失能率、失能总人数、人均护理费用支出、长护险基金支出总额、报销比例等因素。从图中可以看出，连接这些因素的箭头符号为"+"，即它们之间是正反馈关系，例如，失能率的增长会导致失能总人数的增多，而失能总人数增多会导致最终的长护险基金支出总额增多。

上海市职工长护险基金结余是由基金收入和支出共同决定的，基金收入对基金结余是正向影响，收入增加结余增加，基金支出对结余是负向影响，支出增加结余减少。本书通过构建系统动力学模型对上海市职工长护险独立筹资机制未来运行中基金结余进行预测，判断该筹资机制是否具有可行性，判断标准根据前文设定为"收支平衡，略有结余"。因此，将根据以上模型，将职工长护险筹资机制运行中的结余状况作为关键性因素进行分析。

8.2.3　长护险筹资机制仿真

上文对上海市职工长护险筹资机制的系统动力学模型进行了构建，同时对因果关系图进行了绘制和分析，模型的仿真通过存量流量图进行，称为系统动力学流图，该图形基于因果关系图演化而来，具体见图8.11。模型的运行需要对涉及参数的数值、变量间的数学方程式进行设定，其中部分数据可以通过查阅官方数据获得，部分数据则需要运用数学方法获得，数学方程式的设定参照学界学者关于这方面的研究。参数的汇总见表8.1。

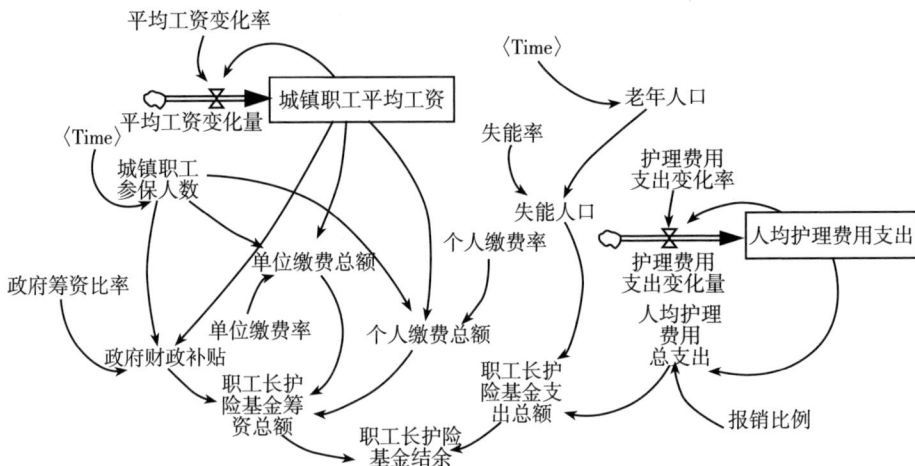

图8.11　上海市职工长护险筹资机制系统流图

表8.1　主要变量及函数关系

变量	函数关系
状态变量	
城镇职工平均工资/万元	INTEG{平均工资变化量,14.61}
人均护理费用支出/万元	INTEG{护理费用需求变化量,1.65}
速率变量	
平均工资变化量/(万元·年$^{-1}$)	平均工资×平均工资变化率
人均护理费用支出变化量/(万人·年$^{-1}$)	人均护理费用支出×护理费用支出变化率
常量	
平均工资变化率	0.069
护理费用支出变化率	0.069
单位缴费率	0.220%
政府筹资比率	0.292%
报销比例	90.000%
个人缴费率	0.220%
轻度失能率	8.530%
中度失能率	1.730%
重度失能率	1.600%
辅助变量	

表8.1（续）

变量	函数关系
城镇职工参保人数/万人	表函数（输入时间相关的人数）
退休职工人数/万人	表函数（输入时间相关的人数）
失能人数/万人	退休职工 × 失能率
职工个人缴费总额/亿元	职工参保人数 × 个人缴费率 × 职工平均工资
单位缴费总额/亿元	职工参保人数 × 单位缴费率 × 职工平均工资
政府补贴/亿元	职工参保人数 × 政府筹资比率 × 职工平均工资
职工长护险基金筹资总额	单位缴费总额 + 职工个人缴费总额 + 政府财政补贴
职工长护险基金支出总额/亿元	人均护理费用支出总额 × 失能总人数
职工长护险基金结余/亿元	长护险基金筹资总额 − 长护险基金支出总额

（1）基金收入系统参数设定。

第一，人口因素。

筹资机制收入系统的人口因素是指职工长护险参保人口，设定职工长护险参保同职工基本医疗保险，职工长护险参保人数即职工医保的参保人数，历史数据可以从统计年鉴中获得。考虑到系统运行的科学性及合理性，职工长护险筹资机制系统动力学模型中，参保人数的公式定义为与时间相关的表函数，即需要输入测算完成的人口数据。测算方法参照学界普遍采用的灰色预测模型，该模型可以根据统计年鉴公布的参保人口数据，对2025—2040年进行有效预测，进而可以将预测数值输入筹资机制系统动力学模型，更好地保证系统运行的科学性。因此，本书以统计年鉴公布的2013—2022年参保人口数据为基础，基于此构建灰色预测模型，模型公式见式（8.1），经过级比检验发现所有级比均落在可容覆盖中，$-a < 0.3$，可用于中长期预测，结果见表8.2。

$$X^{(1)}(K+1) = 71009.29e^{0.0132140546k} - 70071.3395 \quad (8.1)$$

表8.2 上海市职工长护险2025—2040年在职参保人数

年份	在职职工参保人数/万人	年份	在职职工参保人数/万人
2025	1121.57	2033	1246.63
2026	1136.49	2034	1263.21
2027	1151.61	2035	1280.02
2028	1166.93	2036	1297.04
2029	1182.45	2037	1314.30

表8.2（续）

年份	在职职工参保人数/万人	年份	在职职工参保人数/万人
2030	1198.18	2038	1331.78
2031	1214.12	2039	1349.49
2032	1230.27	2040	1367.45

第二，经济因素。

基金收入系统中的经济因素涉及城镇职工平均工资、平均工资增长量。在确定平均工资基础上乘以个人、单位、政府相应的筹资比例可得长护险基金筹资额。根据《上海统计年鉴》可知2022年上海职工平均工资为146196元，平均工资增长率为6.9%，经计算可得平均工资增长量。将以上数据输入上海市职工长护险筹资机制系统动力学模型，可对筹资机制基金未来收入情况进行预测。

（2）基金支出系统参数设定。

第一，人口因素。

支出系统中涉及的人口因素为享受长期照护服务的失能人数，参照前文设定，上海市职工长护险独立筹资机制覆盖的人群为按照规定参加职工长护险，达到退休年龄后，经失能评估机构的评估，确认为失能的人。由于长护险参保人员源于医保参保人员，因此退休人数可以参照《上海统计年鉴》公布的退休后享受基本医疗保险待遇的职工。在该参数的设定上，与参保人数采用相同的计算公式，首先使用灰色预测模型预测退休职工人数，再将人数乘以失能率，可得2025—2040年待遇享受人数，将数值作为与时间相关的表函数输入系统，以方便下一步的研究，失能率与上文相同，轻度失能率8.53%、中度失能率1.73%、重度失能率1.60%。本书以《上海统计年鉴》公布的2013—2022年退休参保职工人数为基础，构建灰色预测模型，模型公式见式（8.2），经预测、计算可得享受职工长护险服务的失能人数，数据见表8.3。

$$X^{(1)}(K+1) = 21328.95e^{0.021248833k} - 20890.65775 \tag{8.2}$$

表8.3 上海市职工长护险2025—2040年待遇享受人数

年份	轻度失能人数/万人	中度失能人数/万人	重度失能人数/万人	总失能人数/万人
2025	49.36	10.01	9.26	68.63
2026	50.42	10.23	9.46	70.11
2027	51.50	10.45	9.66	71.61
2028	52.61	10.67	9.87	73.15

表8.3（续）

年份	轻度失能人数/万人	中度失能人数/万人	重度失能人数/万人	总失能人数/万人
2029	53.74	10.90	10.08	74.72
2030	54.89	11.13	10.30	76.32
2031	56.07	11.37	10.52	77.96
2032	57.28	11.62	10.74	79.64
2033	58.51	11.87	10.97	81.35
2034	59.76	12.12	11.21	83.10
2035	61.05	12.38	11.45	84.88
2036	62.32	12.64	11.69	86.60
2037	63.64	12.91	11.94	88.48
2038	64.99	13.18	12.19	90.36
2039	66.33	13.45	12.44	92.22
2040	67.60	13.71	12.68	93.99

第二，经济因素。

职工长护险筹资机制系统动力学模型支出系统中的经济因素包括人均护理费用支出、护理费用增长率、报销比例。2022年人均护理费用初始值为1.65万元/人。在护理费用增长率方面，对文献进行梳理发现李红艳在对山东省职工长护险缴费水平进行测算时，将职工年平均工资增长率设定为长护险费用支出增长率，进行相关数据的测算。本节参考该研究的设定方式，假定上海市职工长护险的护理费用增长与职工年平均工资保持一致，为6.9%，经计算可得护理费用增长量。报销比例设定为90%。

（3）筹资机制系统动力学模型运行思路。

上文对上海市职工长护险筹资机制的系统动力学模型进行了构建，并对模型所涉及的参数及数学方程式进行了设定。本节对筹资机制模型进行仿真运行的思路为：首先，将前文设定的参数及方程式输入系统动力学模型，运用Vensim PLE7.3.5版本对职工长护险筹资机制系统动力学模型进行模拟仿真。其次，根据模型仿真运行，可以得到上海市实行职工长护险独立筹资机制情况下，基金在2025—2040年的结余情况，并对其进行评价分析。再次，运用控制变量的方法，通过调整报销比例、筹资比率、失能率的参数设定，对不同情境下的长护险基金结余情况进行模拟仿真，并对不同情境下的仿真模拟结果进行比较分析，了解上海市职工长护险筹资机制动态运行情况，进而为上海市职工长护险筹资机制稳定持续发展提供对策和建议。

8.2.4 仿真结果及分析

（1）长护险基金结余趋势预测。

基于以上参数设定对上海市职工长护险筹资系统动力学模型进行动态仿真模拟，模拟时间为2025—2040年，以职工长护险基金结余作为观测指标，职工长护险基金结余在未来2025—2040年间的变化趋势可见图8.12。

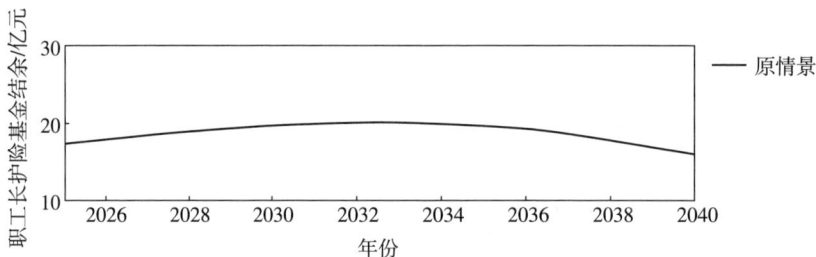

图8.12 长护险基金结余趋势预测

从以上的仿真运行结果来看，在上海市职工长护险独立筹资机制的未来发展过程中，长护险基金的结余呈现出先上升再下降的趋势，但整体较为平缓，在2033年基金结余达到最大值，之后增速放缓，基金结余量逐渐下降，从图中可以看出，2036—2040年基金结余虽然下降，但2038—2040年下降趋势愈发平缓。本节将上海市职工长护险独立筹资机制的筹资原则设定为"以支定收，收支平衡，略有结余"，通过上海市人民政府公布的相关数据可知，在现行职工长护险筹资机制下，2019年长护险基金的结余为43.87亿元，结余稍多，给职工基本医疗保险的运行造成了一定的财政负担。本节为给上海市职工长护险筹资机制的优化提供合理建议，基于相关研究设计上海市职工长护险独立筹资机制，在此机制的运行下，未来15年长护险基金结余处于较为平稳的状态，基金结余最大值为20.11亿元，最小值为15.96亿元，15年间基金结余量均未超过当年支出总额的20%，符合假定的略有结余状况。且相较于现行筹资机制，基金结余适量，职工长护险能在充分满足失能人群护理需求的同时，留有适量的基金储备，以应对随着人口变化、经济变动等情况带来的随机风险，从而保证上海市职工长护险制度的平稳运行。职工长护险基金收支、结余具体数据可见表8.4。

表8.4　上海市2025—2040年职工长护险基金收支、结余

年份	筹资总额/亿元	支出总额/亿元	基金结余/亿元
2025	119.29	101.92	17.37
2026	129.22	111.29	17.93
2027	139.97	121.52	18.45
2028	151.62	132.70	18.92
2029	164.24	144.90	19.34
2030	177.91	158.23	19.68
2031	192.71	172.78	19.93
2032	208.75	188.66	20.09
2033	226.12	206.01	20.11
2034	244.94	224.96	19.98
2035	265.32	245.65	19.68
2036	287.40	268.09	19.32
2037	311.32	292.63	18.70
2038	337.23	319.46	17.77
2039	365.29	348.53	16.76
2040	395.69	379.74	15.96

上海市职工长护险独立筹资机制可行性的判断标准为：长护险筹资机制符合"以支定收，收支平衡，略有结余"的筹资原则，能够论证是否满足这一标准的重要可量化指标为长护险基金结余，通过以上分析发现，本书设计的上海市职工长护险筹资机制的结余状况，符合设定的筹资原则。由此可见，上海市职工长护险构建独立筹资机制，基于0.732%的筹资比率，个人、政府和单位共同承担筹资责任的方案是可行的，即能满足失能人群日益增加的护理需求，其基金结余也在合理范围内，不会给经济发展造成较大的负担。

（2）长护险筹资机制动态分析。

上海市职工长护险筹资机制的系统动力学模型，是较为复杂的系统，在进行仿真模拟时，发现长护险基金累计结余受到长护险基金收入总额和支出总额的影响，而收入和支出总额又受到参保人数、报销比例、失能人数、筹资比率等因素的影响，但是，每个因素对最终结果影响的程度是不同的。而随着时间的推移，各影响因素会产生不同程度的变化，从而对筹资机制整体产生影响，因此，通过调整部分参数设定，对上海市职工长护险筹资机制进行动态分析，以此判断优化后的筹资机制是否能够应对外部变化继续平稳运行。以书本构建的职工长护险筹资机制系统动力学模型为基础，结合上文对

该模型内相互影响的变量的分析，决定根据原参数设定数值对报销比例、失能率、筹资比率这三个参数做适当调整，观测参数值变化后基金结余变化趋势，进而对职工长护险筹资机制进行动态分析。在进行分析时，参数为原值的情况称为原情景，报销比例调整称为情景1，失能率调整称为情景2，筹资比率调整称为情景3，上述三个参数综合调整称为情景4，基于以上设定，本书对职工独立筹资机制展开动态分析。

情景1：报销比例调整。

报销比例会对长护险基金支出总额产生影响，进而影响基金结余量，原情景设定的报销比例为90%，随着经济发展和护理需求的变化，报销比例也会产生变化，为观测报销比例变化后长护险筹资机制的基金结余情况，分析该参数对整个筹资机制运行产生的影响，基于原始数据对报销比例进行合理调整，分别上调1%、下调1%。基于上述情景，职工长护险基金结余情况如8.13所示。

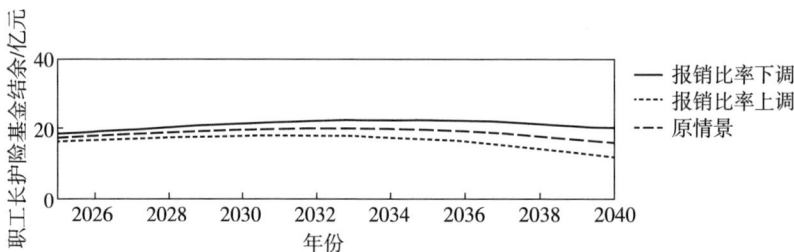

图8.13　情景1：职工长护险筹资机制基金结余

结果显示，报销比例的调整会对职工长护基金结余产生影响，在比例上调的情境下，基金结余相较于原情景，出现明显的下降趋势，且随着时间的推进，下降的速度加快。由此可见，在该筹资机制下报销比例如果上调1%，在2025—2040年间结余虽然适量，但由于下降速度略快，相较于原情景，在更远的未来面临结余不足的风险较大。若报销比例下调1%，基金的结余量相较于原情景明显增加，整体趋势虽然较为平缓，但基金结余量均值超过20亿元，较于原情景，结余略大。由此可见，报销比例的高低，会对筹资机制的基金结余产生明显的影响，因此，上海市长护险筹资机制在其发展过程中应根据实际情况适度做出调整，在充分保证失能人群长期照护服务需求的前提下，确保不会给经济发展产生负面影响。

情景2：失能率调整。

本书在进行研究时考虑到数据的科学性和可得性，在运用系统动力学方法对职工长护险筹资机制系统动力学模型进行仿真模拟时，参考学界学者的研究，将参数设定为静态失能率，总失能率为11.86%，即原情景失能率数值。但是在实际生活中，随着社会各方面因素的影响，失能人数会发生变化，进而导致失能率的变化。一方面，随着人口老龄化程度加剧，老龄人口数量增多，其身体健康状况相较于其他年龄段的群体而言稍差，更容易面临失能风险，在这样的情况下，整体失能率会上升；另一方面，近年来我国在国民健康方面做出极大努力，国家卫生健康委制定了健康中国战略，旨在提高全民的健康水平，在这样的战略影响下，未来我国人口的健康水平会有所提升，相应的会减少失能发生的概率。综上所述，失能率受复杂的社会发展情况的影响，在未来会产生相应变化，为分析其对筹资机制的影响，本书基于原情景，调整失能率上升0.1%、下降0.1%，以此观测失能率变化对筹资机制的整体影响。

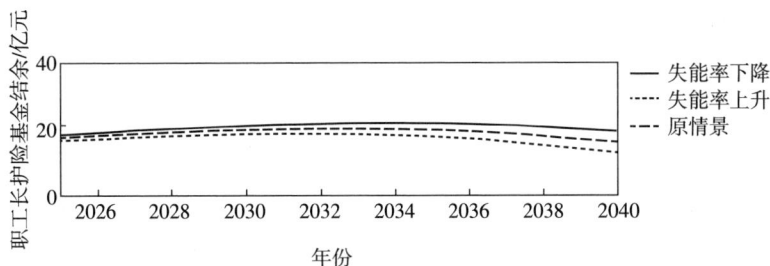

图8.14 情景2：职工长护险筹资机制基金结余

从图8.14可以看出，失能率上升时，职工长护险基金的结余量明显低于原情景，且随着时间的推移，基金结余减少的速度相对较快。失能率下降时，基金结余相较于原情景明显增多，结余变化趋势和原情景相似，但结余相对较多。由此可见，失能率决定失能人群数量的多少，即享受上海市职工长期护理保险待遇的人群数量，直接影响了护理保险费用的支出总额，从而影响了长护险基金的结余，因此，享受待遇的人群数量对长护险筹资机制的整体发展产生了重要的影响。

情景3：筹资比率调整。

本章构建的上海市职工长护险筹资机制系统动力学模型的筹资比例，是基于ILO筹资模型测算出来的，在模型的运行中参数设定为固定值，即个人、单位、政府以职工年平均工资为缴费基数，共同承担0.732%的筹资比率，进而预测该机制下2025—2040年的机制运行情况。在筹资机制的动态分析中，本书假设筹资机制会随着经济水平的变化、社会的发展调整筹资比率，基于原定筹资比率，适当地上调或下降。参考测算出的筹资比率，假定上调和下降的数值都为0.01%，调整后运行结果见图8.15。

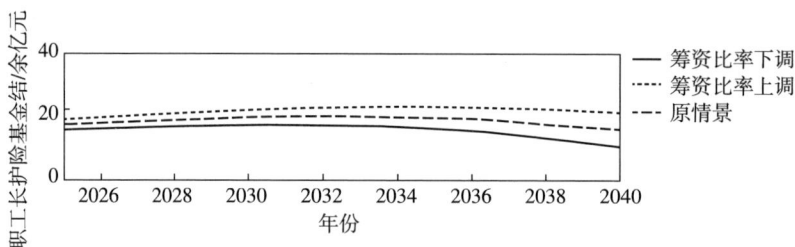

图8.15　情景3：职工长护险筹资机制基金结余

从图8.15可以看出，随着筹资比率的调整，基金的结余量同样发生了变化。筹资比率下调时基金结余量明显降低，上调时基金结余量明显增加。与此同时，相较于报销比率变化和失能率变化，筹资比率变化给长护险基金结余带来的影响更大，该结论可以从图中三条曲线的间距明显看出，即筹资比率调整前后结余之间的差额明显大于以上两个参数变化产生的差额。由此可见，职工长护险筹资比率从基金的收入方面影响着结余量和整个筹资机制的稳定运行，因此，应在机制的未来运行过程中重点关注筹资比率，根据社会实际情况，适时进行相应的调整。

情景4：综合调整。

以上三个情景分别从报销比例、失能率、筹资比率三个方面进行分析，模型的调整和运行只考虑单一参数的变化。上海市职工长护险筹资机制是一个综合的、复杂的系统，在其运行过程中，诸多因素会共同产生作用从而影响机制的运行情况。因此，本书整合以上三个参数的变化，将其代入职工长护险筹资机制系统动力学模型中，探讨报销比率、失能率、筹资比率整体上升或下降时，基金结余产生的变化情况，模型运行结果见图8.16。

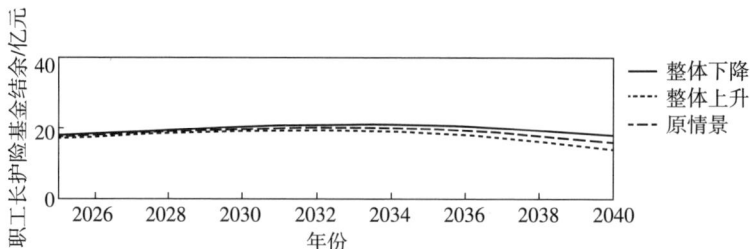

图8.16　情景4：职工长护险筹资机制基金结余

从图8.16可以看出，在以上三个参数整体上升的情况下，上海市职工长护险基金结余相较于原定参数稍有下降，在参数整体下降的情况下，基金结余量有所提升。但是对以上参数进行整体调整时发现，调整前后的基金结余量非常贴近原参数设定下的基金结余量，图中的三条曲线距离非常近，可以说明结余差别较小。由此可见，当参数整体变化时，基金结余变化较小，这说明筹资机制在发展过程中考虑整体的影响因素，进行综合调整，能更好地维持机制的稳定运行。

（3）长护险筹资机制分析总结。

综上所述，在上海市职工长护险筹资机制的发展过程中，若想保持筹资机制的平稳运行，有效发挥制度的保障功能，应该考虑多方面的因素。一方面，需要设计合理的筹资机制，从参保主体、筹资渠道、筹资水平等方面进行合理的界定，从而保证机制能够正常运转，既能充分保障失能人员的长期照护需求，又符合社会经济发展水平，不会造成过大的经济负担；另一方面，要考虑到社会发展、经济发展、人口变化等多方面的因素，根据变化情况对上海市职工长护险筹资机制进行及时的调整，以保证机制在长期发展中的可持续性，更好地促进上海市职工长期护理保险制度的稳定。

本章小结

本章利用两个案例展示了大数据决策和仿真决策的应用。我国中老年人慢性病共病与健康相关行为分析这一案例基于2018CHARLS这一数据利用关联分析挖掘了我国中老年人健康相关行为与慢性病共病的关系。

职工长护险独立筹资机制的系统动力学仿真案例运用系统动力学方法，构建上海市职工长护险筹资机制的系统动力仿真模型，将相关数值输入系统研究了长护险基金结余状况。

思考题

（1）请全面了解2018年中国健康与养老追踪调查问卷或2020年中国家庭追踪调查问卷，基于管理学和社会学知识确定研究问题，利用大数据决策解决问题。

（2）请以社会热点问题为研究对象，系统分析研究主体，厘清问题的边界，构建问题的因果关系图和存量流量图，通过仿真进一步分析问题和解决问题。

参考文献

[1] 郭文强,孙世勋,郭立夫.决策理论与方法[M].3 版.北京:高等教育出版社,2020.

[2] 李红艳,范君晖.运筹学[M].北京:清华大学出版社,2012.

[3] 陶长琪,盛积良.决策理论与方法[M].北京:高等教育出版社,2016.

[4] 汪应洛.系统工程[M].5 版.北京:机械工业出版社,2017.

[5] 钟永光,贾晓菁,钱颖.系统动力学[M].2 版.北京:科学出版社,2018.

[6] 赵卫东.商务智能[M].5 版.北京:清华大学出版社,2021.

[7] 王璞.上海市职工长期护理保险筹资机制研究[D].上海:上海工程技术大学,2024.